Collins

Crossword

Book

Challenge 2

200 quick crossword puzzles

Published by Collins
An imprint of HarperCollins Publishers
Westerhill Road
Bishopbriggs
Glasgow G64 2QT

First Edition 2019

10 9 8 7 6 5

© HarperCollins Publishers 2019

All puzzles supplied by Clarity Media Ltd

ISBN 978-0-00-832390-5

Collins® is a registered trademark of HarperCollins Publishers Limited

Printed and bound by CPI Group (UK) Ltd, Croydon, CR0 4YY

If you would like to comment on any aspect of this book, please contact us at the above address or online.
E-mail: puzzles@harpercollins.co.uk

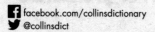 facebook.com/collinsdictionary
@collinsdict

CROSSWORD PUZZLES

PUZZLE 1

Across

1 Be foolishly fond of (4)
3 Space rock (8)
9 Genuine (7)
10 Levels out (5)
11 Boy (3)
12 Belonging to them (5)
13 Bring down (5)
15 Spy (5)
17 Effigies (5)
18 21st Greek letter (3)
19 Health professional (5)
20 Go back over a route (7)
21 Salad sauce (8)
22 Undulating (4)

Down

1 Disenchanted (13)
2 Adjusted the pitch of (5)
4 Playground structure (6)
5 Coat with a metal (12)
6 Unity (7)
7 Devastatingly (13)
8 Altruism (12)
14 Flog; whip (7)
16 Move faster than (6)
18 Public square (5)

PUZZLE 2

Across

1 Long bounding stride (4)
3 Personal magnetism (8)
9 Unfasten (7)
10 Pen made from a bird's feather (5)
11 Despicable (12)
14 Small sprite (3)
16 Part of (5)
17 Depression (3)
18 Uncomplimentary (12)
21 Plantain lily (5)
22 Kneecap (7)
23 Estimating (8)
24 Legendary story (4)

Down

1 Device that sends a rocket into space (8)
2 Brown nut (5)
4 Leap on one foot (3)
5 Demands or needs (12)
6 Talented (7)
7 Having inherent ability (4)
8 Butterfly larvae (12)
12 Tailored fold (5)
13 Engraved inscription (8)
15 Skill (7)
19 Embed; type of filling (5)
20 Dull car sound (4)
22 Joke (3)

PUZZLE 3

Across

1 Supplies with food (6)
4 Removed the skin (6)
9 Hot wind blowing from North Africa (7)
10 Atmospheric phenomenon (7)
11 Suitably (5)
12 Mournful poem (5)
14 Discharged a weapon (5)
15 Doglike mammal (5)
17 Smash into another vehicle (5)
18 Restricted in use (7)
20 Creepiest (7)
21 Shuffle playing cards (6)
22 Water diviner (6)

Down

1 Offhand (6)
2 Device controlling flow of fuel to an engine (8)
3 Unsteady (5)
5 Pledged to marry (7)
6 Scottish lake (4)
7 Very much (6)
8 Oppressed (11)
13 Fugitives (8)
14 Pertaining to actuality (7)
15 Aide (6)
16 Paler (6)
17 Freight (5)
19 Annoy (4)

PUZZLE 4

Across

1 Piece of office furniture (4)
3 Lacking humility (8)
9 Newtlike salamander (7)
10 Walk (5)
11 Crucial (3,9)
13 Lubricating (6)
15 Well-being (6)
17 Flaw (12)
20 Use to one's advantage (5)
21 Do repeatedly (7)
22 Commotion (8)
23 Sight organs (4)

Down

1 Organ stop (8)
2 Small seat (5)
4 Free from discord (6)
5 Fully extended (12)
6 Endless (7)
7 Clean up (4)
8 A grouping of states (12)
12 TV stations (8)
14 Back pain (7)
16 Aloof (6)
18 European country (5)
19 Young sheep (4)

PUZZLE 5

Across

1 Songbird (5)
4 Driving out (7)
7 Apprehended with certainty (5)
8 University lessons (8)
9 Lentil or chickpea (5)
11 Small pieces; bits (8)
15 Pithy saying (8)
17 Packs of cards (5)
19 Simple and unsophisticated (8)
20 Large indefinite amount (5)
21 Omission of a sound when speaking (7)
22 Mistaken (5)

Down

1 Printed for public sale (9)
2 Able to read minds (7)
3 Victory (7)
4 Physical item (6)
5 Language (6)
6 Pond-dwelling amphibians (5)
10 Studying carefully (9)
12 In an unspecified manner (7)
13 River of south-eastern Africa (7)
14 Ice shoes (6)
16 Quantum of electromagnetic radiation (6)
18 Kick out (5)

PUZZLE 6

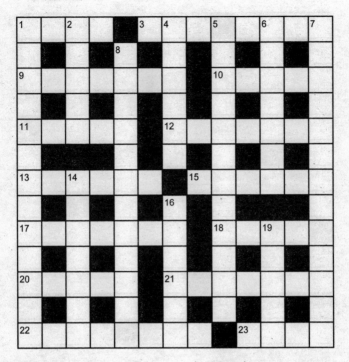

Across

1 Drift in the air (4)
3 Draws quickly (8)
9 Salvaged (7)
10 Venomous snake (5)
11 Sends through the mail (5)
12 Entrap (7)
13 Commands (6)
15 Do the same thing again (6)
17 Ban on trade with a country (7)
18 Dole out (5)
20 Prickly (5)
21 US space probe to Jupiter (7)
22 Represents in a faithful way (8)
23 Playing cards (4)

Down

1 Computer program for writing documents (4,9)
2 Combines (5)
4 Organ (6)
5 Capable of being moved (12)
6 Cause to absorb water (7)
7 Clandestine (13)
8 Short poem for children (7,5)
14 Question after a mission (7)
16 Cease to remember (6)
19 Sweet-scented shrub (5)

PUZZLE 7

Across

1. Stylish and fashionable (4)
3. Large outbreak of a disease (8)
9. Platform projecting from a wall (7)
10. Religious groups (5)
11. Antique; not modern (3-9)
13. Devices that illuminate (6)
15. Book of the Bible (6)
17. Decomposition by a current (12)
20. Relating to birth (5)
21. Contaminate (7)
22. Irritating (8)
23. Proofreader's mark (4)

Down

1. Collection in its entirety (8)
2. Lazed (5)
4. Soul; spirit (6)
5. Very sad (12)
6. Tragedy by Shakespeare (7)
7. Group of actors in a show (4)
8. Amorously (12)
12. Shape of the waxing moon (8)
14. An edible jelly (7)
16. Cowardly (6)
18. Clever (5)
19. ___ Kournikova: former tennis star (4)

PUZZLE 8

Across

1 Decomposition (5)
4 Width (7)
7 Winged animals (5)
8 Madly (8)
9 Type of plastic (5)
11 Science of soil management (8)
15 Betting (8)
17 Moods (anag.) (5)
19 Aromatic plant used in cooking (8)
20 Dark beer (5)
21 Mischievous children (7)
22 School tests (5)

Down

1 Devoted (9)
2 Superficial (7)
3 Opening the mouth wide when tired (7)
4 Extreme confusion (6)
5 Excuses of any kind (6)
6 Toy bear (5)
10 e.g. Spanish and English (9)
12 Side of a coin bearing the head (7)
13 Force of civilians trained as soldiers (7)
14 Surprise attack (6)
16 Declares invalid (6)
18 Semiaquatic mammal (5)

PUZZLE 9

Across

1 Restrained and subtle (3-3)
7 Fade away (8)
8 Coniferous tree (3)
9 Central parts of cells (6)
10 Woes (4)
11 Father (5)
13 An acted riddle (7)
15 Schedule of activities (7)
17 Rise to one's feet (3,2)
21 US state (4)
22 Hanging down limply (6)
23 Family or variety (3)
24 Austere people (8)
25 Slight prickling sensation (6)

Down

1 Elevated off the ground (6)
2 Cautioned (6)
3 Screams (5)
4 Outcasts from society (7)
5 Pure-bred (of an animal) (8)
6 Climbed (6)
12 Well-meaning but interfering person (2-6)
14 Type of quarry (7)
16 Recycle old material (6)
18 Attempting (6)
19 Type of relish (6)
20 Opposite of best (5)

PUZZLE 10

Across

1 Corrodes (5)
4 Express strong condemnation of (7)
7 Amends (5)
8 Unjustly (8)
9 Snake toxin (5)
11 Gives strength to (8)
15 Accomplished (8)
17 Flaring stars (5)
19 Participant in a meeting (8)
20 Neck warmer (5)
21 Adult (5-2)
22 Respected person in a field (5)

Down

1 Disgust (9)
2 Concerned just with oneself (7)
3 Alike (7)
4 Capital of the Republic of Ireland (6)
5 Book of accounts (6)
6 Quantitative relation between two amounts (5)
10 Intermediary (9)
12 Made less narrow (7)
13 Extreme eagerness (7)
14 Agricultural implement (6)
16 Doze (6)
18 Happen (5)

PUZZLE 11

Across

1 Official language of Pakistan (4)
3 Announce publicly (8)
9 Marred (7)
10 Titles (5)
11 Soak up; wipe away (3)
12 Extreme (5)
13 Of the nose (5)
15 Insect grub (5)
17 Greeting (5)
18 Herb (3)
19 Hard and durable (5)
20 Enunciate (7)
21 Wood preserver (8)
22 Animal skin (4)

Down

1 Uncaring (13)
2 Sag (5)
4 Driers (anag.) (6)
5 Act of discussing something; deliberation (12)
6 Device that measures electric current (7)
7 Ineptitude in running a business (13)
8 Ordinary dress (5,7)
14 Bird of prey (7)
16 One appointed to administer a state (6)
18 Wash in water to remove soap or dirt (5)

PUZZLE 12

Across

1 Narrow drinking tubes (6)
7 Fully (8)
8 Chain attached to a watch (3)
9 Very crowded (of a place) (6)
10 Animal feet (4)
11 Giraffes have long ones (5)
13 Let up (7)
15 Erased (7)
17 Fit with glass (5)
21 Push; poke (4)
22 Martial art (4,2)
23 Dry (of wine) (3)
24 Apparition (8)
25 Discharges (6)

Down

1 Make less hard (6)
2 Heading on a document (6)
3 Lines where fabric edges join (5)
4 Sports arena (7)
5 Offer of marriage (8)
6 Shone (6)
12 Working dough (8)
14 e.g. Tuesday (7)
16 Hearty (anag.) (6)
18 Entertained (6)
19 Demands; insists on (6)
20 Small garden statue (5)

PUZZLE 13

Across

1. First man (4)
3. Soft-bodied beetle (4-4)
9. Moaned (7)
10. Outstanding (of a debt) (5)
11. Snow leopard (5)
12. Lift up (7)
13. Not real or genuine (6)
15. Third sign of the zodiac (6)
17. Mercury alloy (7)
18. Plant secretion (5)
20. Small piece of land (5)
21. Voter (7)
22. Short film (8)
23. Curved shape (4)

Down

1. Assemblage (13)
2. Decorate (5)
4. Shelves (6)
5. Showing complete commitment (12)
6. Paper folding (7)
7. Direction to which a compass points (8,5)
8. Detective (12)
14. Swift-flying songbird (7)
16. Measure of electrical current (6)
19. Indian lute (5)

PUZZLE 14

Across

1 Papal state (7,4)
9 Concise and full of meaning (5)
10 Tree that bears acorns (3)
11 Snake (5)
12 Holding or grasping device (5)
13 Not necessary (8)
16 Representations or descriptions of data (8)
18 Gave away (5)
21 Perhaps (5)
22 Foot extremity (3)
23 Higher than (5)
24 Pretentious display (11)

Down

2 Increase (7)
3 Pierces with something sharp (7)
4 Clothing (6)
5 Vault under a church (5)
6 Plant spike (5)
7 e.g. share news (11)
8 Very tall buildings (11)
14 Stir up trouble (7)
15 West Indian musical style (7)
17 Roman military unit (6)
19 Judges (5)
20 Hang with cloth (5)

PUZZLE 15

Across

1 Canines (4)
3 Icing (8)
9 Continue (5,2)
10 Strangely (5)
11 Prerequisite (12)
14 Decline (3)
16 Wading bird (5)
17 Polite address for a man (3)
18 Act of sending a message (12)
21 Type of tooth (5)
22 Written language for blind people (7)
23 One who tells a story (8)
24 Woes (anag.) (4)

Down

1 Interpret the meaning of (8)
2 Ravine (5)
4 Flee (3)
5 Small meteor (8,4)
6 Not outside (7)
7 Men (4)
8 Valetudinarianism (12)
12 Kind of wheat (5)
13 Daughter of a sovereign (8)
15 Thief (7)
19 Relation by marriage (2-3)
20 So be it (4)
22 Cry of disapproval (3)

PUZZLE 16

Across

1 Spacious (5)
4 Portent (7)
7 Wrathful (5)
8 Sell at a lower price (8)
9 Relaxed; not tense (5)
11 Surpassed (8)
15 Policy of direct action (8)
17 Golf course sections (5)
19 Illegal (8)
20 Stories (5)
21 Showed a person to their seat (7)
22 Sullen or moody (5)

Down

1 Renovate; recondition (9)
2 Make obsolete (7)
3 Longed for (7)
4 Read with care (6)
5 Higher in rank (6)
6 Young females (5)
10 Worthy of imitation (9)
12 Vehement denunciations (7)
13 Trap for the unwary (7)
14 Moon goddess in Greek mythology (6)
16 Frank and sincere (6)
18 Quartzlike gems (5)

PUZZLE 17

Across

1 Depart suddenly (6)
4 Homes (6)
9 Ascertain dimensions (7)
10 Argument (7)
11 Swift (5)
12 ___ Valletta: actress (5)
14 Puts in order (5)
15 A finger or toe (5)
17 Aromatic herb of the mint family (5)
18 Any part of the face (7)
20 Hassles; prickles (7)
21 Bandage (6)
22 Spirited (6)

Down

1 Reserved and coy (6)
2 Applauding (8)
3 Rounded mass (5)
5 Country in the West Indies (7)
6 Read (anag.) (4)
7 Mariner (6)
8 Necessary condition (11)
13 Stiff coarse hairs (8)
14 Steadfast (7)
15 Holds out against (6)
16 Sloppy (6)
17 Musical note (5)
19 Distinctive atmosphere created by a person (4)

PUZZLE 18

Across

1 Pollen traps (anag.) (11)
9 Extinct birds (5)
10 Support for a golf ball (3)
11 Summed together (5)
12 Large mast (5)
13 Segment of the spinal column (8)
16 Motionless (8)
18 Warning of danger (5)
21 Speed (5)
22 Carry a heavy object (3)
23 Country in the Himalayas (5)
24 e.g. without a beard (5-6)

Down

2 Plunderers (7)
3 Small pools of rainwater (7)
4 Person staying in another's home (6)
5 Greek writer of fables (5)
6 Sum; add up (5)
7 Unwise (11)
8 Unintelligible (11)
14 Spiral cavity of the inner ear (7)
15 Letter (7)
17 Insect larvae (6)
19 Attendant upon God (5)
20 Ray (5)

PUZZLE 19

Across

1 Well-behaved (4)
3 Feud (8)
9 Prompting device (7)
10 Draws into the mouth (5)
11 In accordance with general custom (12)
14 Gang (3)
16 More recent (5)
17 Commotion (3)
18 Blasphemous (12)
21 Expect (5)
22 Is curious about (7)
23 Inner (8)
24 Animals kept at home (4)

Down

1 Eye condition (8)
2 Many times (5)
4 Eek (anag.) (3)
5 Disheartening (12)
6 Musical composition (7)
7 Too (4)
8 Creator of film scripts (12)
12 Absorbent cloth (5)
13 Is composed of (8)
15 Brazenly obvious (7)
19 Corpulent (5)
20 Country in West Africa (4)
22 Court (3)

PUZZLE 20

Across

1 Golf stroke on the green (4)
3 Exciting agreeably (8)
9 Get back together (7)
10 West Indian dance (5)
11 Set of moral principles (5)
12 Sparkle (7)
13 Flipped a coin (6)
15 Form-fitting garment (6)
17 Musical wind instrument (7)
18 Alcoholic beverage (5)
20 Data entered into a system (5)
21 Explain in detail (7)
22 Delaying (8)
23 Wet with condensation (4)

Down

1 One with extremely high standards (13)
2 A fact that has been verified (5)
4 Time of widespread glaciation (3,3)
5 Children's toy (12)
6 Prisoners (7)
7 Amiably (4-9)
8 Science of biological processes (12)
14 More in focus (7)
16 Large enclosed space; grotto (6)
19 Tennis score (5)

PUZZLE 21

Across

1 Unattractive (4)
3 Happened (8)
9 Repository (7)
10 Bags (5)
11 Popular edible fish (3)
12 Smell (5)
13 Consumer of food (5)
15 Refute by evidence (5)
17 Distinguishing characteristic (5)
18 Sticky substance (3)
19 Subatomic particle (5)
20 Difficult choice (7)
21 Encrypting (8)
22 Not clothed or covered (4)

Down

1 Inexplicable (13)
2 Very clear (5)
4 Approval; recognition (6)
5 Unkind; unsympathetic (12)
6 Reinstate (7)
7 Unemotional (13)
8 Dispirited (12)
14 Traditional example (7)
16 Heavy load (6)
18 Third Greek letter (5)

PUZZLE 22

Across

1 Mission (4)
3 Burrowing ground squirrel (8)
9 Last longer than (7)
10 Gives out (5)
11 Style of piano-based blues (6-6)
14 Large deer (3)
16 Unbuttoned (5)
17 Pouch; enclosed space (3)
18 Significant (12)
21 Stand up (5)
22 Summary of results (7)
23 Very small unit of length (8)
24 Slide; lose grip (4)

Down

1 Bothers (8)
2 Fight (3-2)
4 Female pronoun (3)
5 Surpassing in influence (12)
6 Joins together (7)
7 Lock lips (4)
8 Having a tendency to become liquid (12)
12 Trudged through water (5)
13 Showed a TV show (8)
15 Done in full awareness (7)
19 Prevent access to something (5)
20 Celebration; festivity (4)
22 17th Greek letter (3)

PUZZLE 23

Across

1 Gets less difficult (5)
4 Share; portion (7)
7 Express one's opinion (5)
8 Structured set of information (8)
9 Horse carts (5)
11 Curiosity (8)
15 Choosing to abstain from alcohol (8)
17 Resay (anag.) (5)
19 Abounding (8)
20 Irritate (5)
21 Diffusion of molecules through a membrane (7)
22 Big (5)

Down

1 Obviously (9)
2 Least hard (7)
3 Crying heavily (7)
4 Makes fun of someone (6)
5 Innate character of a person (6)
6 Fiercely (5)
10 Art of carving (9)
12 Template (7)
13 Type of ship (7)
14 Small cave (6)
16 Nudges out of the way (6)
18 Peers (5)

PUZZLE 24

Across

1 Right to self-government (8)
5 Skating venue (4)
8 Dairy product (5)
9 Faithfulness (7)
10 No longer in existence (7)
12 Lose consciousness (4,3)
14 Unintelligent (7)
16 Flowed (of liquid) (7)
18 Warding (anag.) (7)
19 Let (5)
20 Grain (4)
21 Speaking many languages (8)

Down

1 Curved shapes (4)
2 Long essay (6)
3 Worms used to control pests (9)
4 A cereal (6)
6 Land surrounded by water (6)
7 Central principle of a system (8)
11 Normally (9)
12 Goes before (8)
13 Gas with formula C4H10 (6)
14 In slow time (of music) (6)
15 Country in the Middle East (6)
17 US monetary unit (4)

PUZZLE 25

Across

1 In a shy manner (11)
9 Worth (anag.) (5)
10 Auction offer (3)
11 Evil spirit (5)
12 Long for (5)
13 Form of musical articulation (8)
16 e.g. from Italy or Spain (8)
18 Assesses performance (5)
21 Attack on all sides (5)
22 Tool for making holes in leather (3)
23 Fourth month (5)
24 Having power (11)

Down

2 Not ethically right (7)
3 Part of a horse's leg (7)
4 To the point (6)
5 Recently (5)
6 Seventh sign of the zodiac (5)
7 Dictatorial (11)
8 Forever (2,9)
14 Short close-fitting jacket (7)
15 Greek white wine (7)
17 False (6)
19 Bird claw (5)
20 Growl with bare teeth (5)

PUZZLE 26

Across

1 Private rooms on ships (6)
7 Rebellious (8)
8 Mock (3)
9 Savage (6)
10 Trees that bear acorns (4)
11 Clean with a brush (5)
13 Symptom of blushing (7)
15 Register at a hotel (5,2)
17 Comic dramatic work (5)
21 Double-reed instrument (4)
22 Very milky (6)
23 Male person (3)
24 Breadth (8)
25 Dodged (6)

Down

1 Body of written texts (6)
2 Pocket of air in a sphere of liquid (6)
3 Metal worker (5)
4 Stopped making progress (7)
5 Sleep disorder (8)
6 Commotion (6)
12 Went beyond a quota (8)
14 Mishits (7)
16 Excessive self-confidence (6)
18 Had corresponding sounds (6)
19 Gained deservedly (6)
20 Large waterbirds (5)

PUZZLE 27

Across

1 Past performances (5,6)
9 Mediterranean island (5)
10 Burdensome charge (3)
11 Take the place of (5)
12 Strength (5)
13 White flakes in the hair (8)
16 Singer (8)
18 Solemn promises (5)
21 Brief appearance in a film by someone famous (5)
22 Aggressive dog (3)
23 Stage play (5)
24 Basically (11)

Down

2 Comes back (7)
3 Master of ceremonies (7)
4 Respite (6)
5 Finely cut straw (5)
6 Armature of a generator (5)
7 Masterpiece (4,2,5)
8 Journeys of exploration (11)
14 Eyelash cosmetic (7)
15 Long distance postal service (7)
17 Navigational instrument (6)
19 Conditions (5)
20 Move sideways (5)

PUZZLE 28

Across

1 Give up one's rights (4)
3 Inclined or willing (8)
9 Solid inorganic substance (7)
10 Willow twig (5)
11 Uncurled (12)
14 Legal ruling (3)
16 Turns over (5)
17 Snow runner (3)
18 Developmental (12)
21 Divide in two (5)
22 Extremely cold (7)
23 Reserved in advance (3-5)
24 Items that unlock doors (4)

Down

1 Short negligee (8)
2 Person who eats in a restaurant (5)
4 Not well (3)
5 Opposite of amateur (12)
6 Trembles (7)
7 Mud (4)
8 Productivity (12)
12 Raise up (5)
13 Two-wheeled vehicles (8)
15 Ripple on water (7)
19 Burning (5)
20 Reasons; explanations (4)
22 Gallivant (3)

PUZZLE 29

Across

1 Imposing (8)
5 Musical work (4)
8 Section of a long poem (5)
9 Flat highland (7)
10 Dwelling (7)
12 Protectors (7)
14 Feeling embarrassed (7)
16 Changed or modified (7)
18 Intoxicating element in wine (7)
19 Variety of chalcedony (5)
20 Public houses (4)
21 Harshness of manner (8)

Down

1 Manure (4)
2 Short tune used in advertising (6)
3 Reduced in length (9)
4 Urges to do something (6)
6 Event which precedes another (6)
7 Lazy person (8)
11 Mark the boundaries of (9)
12 A desert in south-western Africa (8)
13 Ordained minister (6)
14 Grown-ups (6)
15 US state of islands (6)
17 Repudiate (4)

PUZZLE 30

Across

1 Belief in a god (6)
4 Seller (6)
9 Small flute (7)
10 Not carrying weapons (7)
11 Bolt for fastening metal plates (5)
12 Flightless birds (5)
14 Nuisances (5)
15 Incantation (5)
17 Mark of repetition (5)
18 Single eyeglass (7)
20 Short story (7)
21 Fast-flowing part of a river (6)
22 Agreement (6)

Down

1 Thin candles (6)
2 Dig out (8)
3 Issue forth with force (5)
5 Sets out on a journey (7)
6 Hold as an opinion (4)
7 Donors (anag.) (6)
8 Sustenance (11)
13 Trivial deception (5,3)
14 Poster (7)
15 Smile affectedly (6)
16 Metallic element (6)
17 Jumps into water (5)
19 Less than average tide (4)

PUZZLE 31

Across

1. Thin fog (4)
3. Person sent on a special mission (8)
9. Postponed (7)
10. Correct (5)
11. Preliminary (12)
13. Absence of passion (6)
15. Academy Awards (6)
17. Framework for washed garments (7,5)
20. Staple (5)
21. Stations at the ends of routes (7)
22. Struggling (8)
23. Raised area of skin; swollen mark (4)

Down

1. Song for several voices (8)
2. Break apart forcibly (5)
4. Fictional (4,2)
5. Atmospheric layer (12)
6. Country in North Africa (7)
7. Legendary creature (4)
8. Conjectural (12)
12. Exceptional (8)
14. Books of maps (7)
16. Make tidier (6)
18. Lift up (5)
19. Encourage in wrongdoing (4)

PUZZLE 32

Across

1 Challenged (5)
4 Small spot (7)
7 Smug smile (5)
8 Natural homes of animals (8)
9 Chocolate powder (5)
11 Entirety (8)
15 Squid (8)
17 Country in the Middle East (5)
19 Increase (8)
20 Role; office (5)
21 Asserted without proof (7)
22 Give a solemn oath (5)

Down

1 Contrast between two things (9)
2 Burrowing rodents (7)
3 Easily drawn out into a wire (7)
4 Group of six (6)
5 Widespread (6)
6 In a slow tempo (of music) (5)
10 Instrument for determining height (9)
12 Yellow fruits (7)
13 Flamboyant confidence of style (7)
14 Refund (6)
16 Utterly senseless (6)
18 Laud (5)

PUZZLE 33

Across

1 Dismissed as inadequate (8)
5 Pulls at (4)
8 Profits (5)
9 e.g. a resident of Rome (7)
10 Exceeds; surpasses (7)
12 Provider of financial cover (7)
14 Imaginary scary creature (7)
16 Painting medium (7)
18 Patio area (7)
19 Evenly balanced (5)
20 Stage of twilight (4)
21 Dejected (8)

Down

1 Fixes the result (4)
2 Wood beams (6)
3 Kind of stew (9)
4 The boss at a newspaper (6)
6 Agreement or concord (6)
7 Ominous (8)
11 Baton (9)
12 Copied (8)
13 Feels upset and annoyed (6)
14 Get by with what is available (4,2)
15 Emotional shock (6)
17 Having a level surface (4)

PUZZLE 34

Across

1 Vein of metal ore (4)
3 Beekeeper (8)
9 One's savings for the future (4,3)
10 Male bee (5)
11 Exclusive story (5)
12 Located in the fresh air (7)
13 Body shape (6)
15 Free from ostentation (6)
17 Gave out (7)
18 Loft (5)
20 Conclude; deduce (5)
21 Forbidden by law (7)
22 Mobster (8)
23 Type of high-energy radiation (1-3)

Down

1 Having patience in spite of problems (4-9)
2 Dance club (5)
4 Common bird (6)
5 And also (12)
6 Form of an element (7)
7 Conceptually (13)
8 Peruse matter (anag.) (12)
14 Fabled monster (7)
16 Regard with approval (6)
19 Big cat (5)

PUZZLE 35

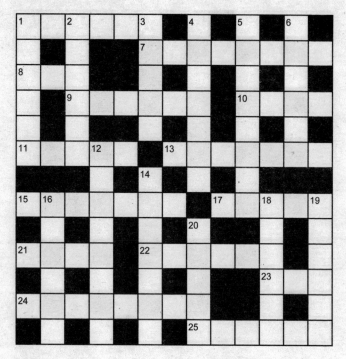

Across

1 Perfumes (6)
7 Tangible (8)
8 Worn channel (3)
9 Strongly opposed (6)
10 Suffers the consequences (4)
11 Coiled curve (5)
13 Portions of time (7)
15 Narrow strip of land (7)
17 Dines (anag.) (5)
21 Projecting edge (4)
22 Knocks down an opponent (6)
23 Slippery fish (3)
24 Farewell appearance (8)
25 Speaks publicly (6)

Down

1 Angel of the highest order (6)
2 Have as a consequence (6)
3 Reproductive unit of fungi (5)
4 Secret agent (7)
5 Crusade (8)
6 Engaged in games (6)
12 Cruel (8)
14 Effluence (7)
16 Small fasteners (6)
18 Six-legged arthropod (6)
19 Large birds of prey (6)
20 Refrain from (5)

PUZZLE 36

Across

1 Sweet dessert (4)
3 Cause resentment (8)
9 Completely enveloping (7)
10 Loud resonant noise (5)
11 Key on a computer keyboard (3)
12 Robbery (5)
13 Mother-of-pearl (5)
15 Large bird of prey (5)
17 Requirements (5)
18 Form of public transport (3)
19 Many-headed snake (5)
20 Spend lavishly (7)
21 Type of employment (4-4)
22 Seat (anag.) (4)

Down

1 Artisanship (13)
2 Skewered meat (5)
4 A system of measurement (6)
5 Incomprehensibly (12)
6 Melting (7)
7 Virtuousness (13)
8 Medicine taken when blocked-up (12)
14 Electric appliance (7)
16 Mineral used to make plaster of Paris (6)
18 Flat-bottomed boat (5)

PUZZLE 37

Across

1 Synopsis; diagram (6)
7 Flooded (8)
8 University teacher (3)
9 Unit of volume (6)
10 Noes (anag.) (4)
11 Sulks (5)
13 Disturb (7)
15 Platform (7)
17 Long flower-stalk (5)
21 Barrier between rooms (4)
22 Lively Spanish dance (6)
23 Roll of bank notes (3)
24 Type of coffee (8)
25 Fixed (6)

Down

1 Reactive metal (6)
2 Finish a telephone call (4,2)
3 Mature human (5)
4 Adolescent (7)
5 Type of word puzzle (8)
6 Opposite of a victory (6)
12 Roman leaders (8)
14 Pompous language (7)
16 Musician playing a double-reed instrument (6)
18 Openly declared (6)
19 Wore away gradually (6)
20 Plant flower (5)

PUZZLE 38

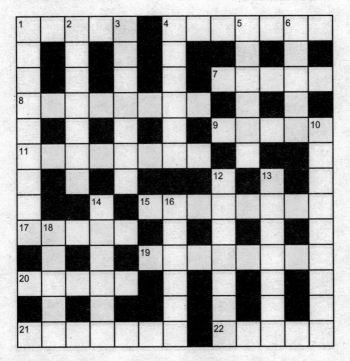

Across

1 Floating timber platforms (5)
4 Deleting (7)
7 Amounts of medication (5)
8 Illustrations that aid understanding (8)
9 Raised a question (5)
11 Appraise (8)
15 In a shrewd manner (8)
17 Dark wood (5)
19 Card game (8)
20 Type of confection (5)
21 Moved away from the right course (7)
22 Reddish (5)

Down

1 Mention (9)
2 Very distant (7)
3 Excess (7)
4 Of the greatest age (6)
5 A husband or wife (6)
6 Female relation (5)
10 Explain or clarify (9)
12 Meat seller (7)
13 Grew tired (7)
14 Mystery; riddle (6)
16 Gazed at (6)
18 Utter impulsively (5)

PUZZLE 39

Across

1. Unequal (3-5)
5. Destroy (4)
8. Remnant of a dying fire (5)
9. Large marine flatfish (7)
10. Bewitch (7)
12. Hot-tasting condiment (7)
14. Make less taut (7)
16. Illness (7)
18. Fatuously (7)
19. Drive forward (5)
20. Harsh and miserable (4)
21. Item of additional book matter (8)

Down

1. Bovine animals (4)
2. Decorate with a raised design (6)
3. Easily angered (9)
4. Reverberated (6)
6. Positive and happy (6)
7. Symbols representing musical notes (8)
11. Lack of courage (9)
12. Threatening (8)
13. Opposite of an acid (6)
14. Steady (anag.) (6)
15. Data input device (6)
17. Chemical salt (4)

PUZZLE 40

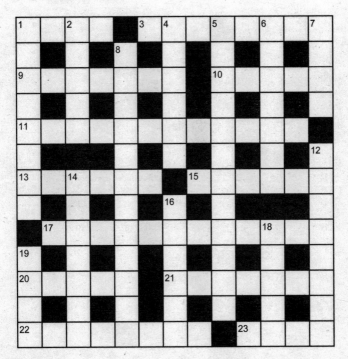

Across

1 Corrode (4)
3 Vehicle with one wheel (8)
9 Unit of electric charge (7)
10 Ye old (anag.) (5)
11 Menacing (12)
13 Relaxing (6)
15 Struck by overwhelming shock (6)
17 Act of removing restrictions (12)
20 Foot joint (5)
21 Spiny anteater (7)
22 Annoy (8)
23 Chopped (4)

Down

1 Telephone part containing the earpiece (8)
2 Collision; shift (5)
4 No one (6)
5 Science of deciphering codes (12)
6 Virtuoso solo passage (7)
7 Snake-like fish (4)
8 Beginning (12)
12 Reference point; norm (8)
14 Person talking (7)
16 Shining with light (6)
18 Alphabetical list (5)
19 Hired form of transport (4)

PUZZLE 41

Across

1 Administrative district (4)
3 Showing mettle; fiery (8)
9 Imaginary creature (7)
10 Verse form (5)
11 Half of six (5)
12 Passing around a town (of a road) (7)
13 Raised (6)
15 Religious leader (6)
17 All together (2,5)
18 Avoided by social custom (5)
20 Stretched tight (of a muscle) (5)
21 Plans to do something (7)
22 Re-evaluate (8)
23 Sound of a lion (4)

Down

1 Forger (13)
2 Person who always puts in a lot of effort (5)
4 Outer part of a bird's wing (6)
5 Restore to good condition (12)
6 Tornado (7)
7 Betrayer (6-7)
8 Total despair (12)
14 Pungent gas (7)
16 Starts (6)
19 Game of chance (5)

PUZZLE 42

Across

1 Mountain system in Europe (4)
3 Mileage tracker (8)
9 Forgive (7)
10 Poisonous (5)
11 Possesses (3)
12 Chubby (5)
13 Cattle-breeding farm (5)
15 Woodwind instruments (5)
17 Needing to be scratched (5)
18 Great sorrow (3)
19 Instruct; teach (5)
20 Elusive (7)
21 Intelligently (8)
22 Seek (anag.) (4)

Down

1 Misplaced in time or date (13)
2 Models for a photograph (5)
4 Increase; extend (6)
5 Highly abstract (12)
6 The feel of a surface (7)
7 Open-mindedness (13)
8 Ability to see the future (12)
14 Parcel (7)
16 Trying experience (6)
18 Whip eggs (5)

PUZZLE 43

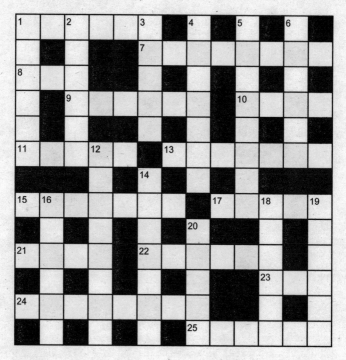

Across

1. Long-haired variety of cat (6)
7. Brings disorder to (8)
8. Bleat of a sheep (3)
9. Language spoken in Warsaw (6)
10. Sharp twist (4)
11. Covered with powdery dirt (5)
13. Small loudspeaker (7)
15. Guarantees (7)
17. Supplementary component (3-2)
21. Heavy stick used as a weapon (4)
22. Worshipped (6)
23. Acquire (3)
24. Relating to sound (8)
25. Listener (6)

Down

1. Moved at an easy pace (6)
2. Vine fruits (6)
3. Mingle with something else (5)
4. Shuns (7)
5. Partition inside a ship (8)
6. Attitude or body position (6)
12. Sign of approval (6-2)
14. In reality; actually (2,5)
16. Join together (6)
18. Red dog (anag.) (6)
19. Gender of nouns in some languages (6)
20. Slender freshwater fish (5)

PUZZLE 44

Across

1 Invalid (4)
3 Cutting instrument (8)
9 Feminine (7)
10 Remove dirt (5)
11 Inharmoniously (12)
14 Pay (anag.) (3)
16 Person who flies an aircraft (5)
17 Type of statistical chart (3)
18 Impossible to achieve (12)
21 Tiny piece of food (5)
22 Public transport vehicle (7)
23 Inclination (8)
24 Topical information (4)

Down

1 In these times (8)
2 Devices that emit light (5)
4 Bashful (3)
5 Without parallel (6,2,4)
6 Coincide partially (7)
7 Musical composition (4)
8 Contradictory (12)
12 Triangular river mouth (5)
13 Turns around (8)
15 Flightless seabird (7)
19 Religious book (5)
20 Short tail (4)
22 Monstrous humanoid creature (3)

PUZZLE 45

Across

1 Creators (6)
4 Crown (6)
9 Give up or surrender something (3,4)
10 Military gestures (7)
11 Cuts very short (5)
12 Relieved of an illness (5)
14 Take part in combat (5)
15 Foot-operated lever (5)
17 Assembly rooms (5)
18 Bison (7)
20 Love; genre of fiction (7)
21 Ottawa is the capital here (6)
22 Growls (6)

Down

1 Ill will (6)
2 Musical instrument (8)
3 Tree anchors (5)
5 Vary the pitch of the voice (7)
6 Simpleton (4)
7 Failed to hit the target (6)
8 Initiators (11)
13 Easy chair (8)
14 Drifted about on water (7)
15 Communal (6)
16 Willow twigs (6)
17 Mortal (5)
19 Young deer (4)

PUZZLE 46

Across

1 Edible fruit (4)
3 Harmful (8)
9 One of several parts (7)
10 Looks slyly (5)
11 Penny-pinching (12)
13 Live in (6)
15 Nearer (6)
17 Explanatory section of a book (12)
20 Continuing in existence (5)
21 Flustered (7)
22 Best (8)
23 Long periods of history (4)

Down

1 Official document (8)
2 Foresee or predict (5)
4 Country (6)
5 A large number (12)
6 Winged angelic beings (7)
7 Not as much (4)
8 Total confusion (12)
12 Explosive shells (8)
14 First light (7)
16 Decorates (6)
18 Layabout (5)
19 Canine tooth (4)

PUZZLE 47

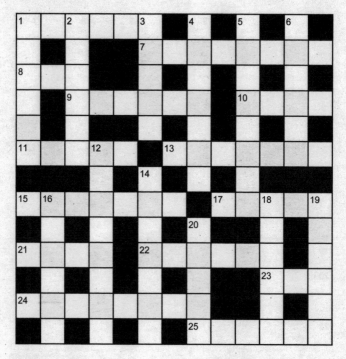

Across

1 A long way away (3,3)
7 Clemency (8)
8 Nine plus one (3)
9 Educational institution (6)
10 Broad (4)
11 Green citrus fruits (5)
13 Framework (7)
15 Chivalrous (7)
17 Wards (anag.) (5)
21 Prophet (4)
22 Extinguish (a fire) (6)
23 Annoy (3)
24 Mathematically aware (8)
25 Rejuvenates (6)

Down

1 Recurring irregularly (6)
2 Sum of money demanded to release a captive (6)
3 Surface upon which one walks (5)
4 Insanitary (7)
5 Contents of the Mediterranean (8)
6 Sour to the taste (6)
12 Made bigger (8)
14 Not level (7)
16 Street (6)
18 For a short time (6)
19 Cooks in wood chippings (6)
20 State of nervous excitement (5)

PUZZLE 48

Across
1 Shine (4)
3 Commonplace (8)
9 Tense (7)
10 Intense light beam (5)
11 Clothing such as a vest (12)
14 19th Greek letter (3)
16 Exhibited (5)
17 Flightless bird (3)
18 Not on purpose; inadvertently (12)
21 Customary practice (5)
22 Lessen (7)
23 Professional comedian (8)
24 Dairy product (4)

Down
1 Bunches of flowers (8)
2 Stinky (5)
4 Degenerate (3)
5 Clarification (12)
6 Failure to be present (7)
7 Thread (4)
8 In a hostile manner (12)
12 Positively charged electrode (5)
13 Ability to float (8)
15 Liberate; release (7)
19 Gate fastener (5)
20 Part of a sleeve (4)
22 Large body of water (3)

PUZZLE 49

Across

1 Dairy product (4)
3 Teacher (8)
9 Money put aside for the future (7)
10 Royal (5)
11 Additionally (3)
12 Expect; think that (5)
13 Recently made (5)
15 Became less severe (5)
17 Derisive smile (5)
18 Ate (anag.) (3)
19 Pollex (5)
20 Distant settlement (7)
21 Stops temporarily (8)
22 Raise; hind part (4)

Down

1 State of the USA (13)
2 Really angry (5)
4 Discontinuance; neglect (6)
5 Major type of food
nutrient (12)
6 Labelling (7)
7 Amusement park ride (6,7)
8 Intolerable (12)
14 Streets (7)
16 Cover or conceal (6)
18 Run away with a lover (5)

PUZZLE 50

Across

1 Heavy iron blocks (6)
4 Matter (6)
9 Support or strengthen (7)
10 Adornments of hanging threads (7)
11 Irritable (5)
12 Furnaces (5)
14 Wash one's body in water (5)
15 Standpoint (5)
17 Slight error (5)
18 Feeling of vexation (7)
20 Surpasses (7)
21 Hearts (anag.) (6)
22 Trash (6)

Down

1 Guarantee (6)
2 Going to see (8)
3 Given to disclosing secrets (5)
5 Abandon (7)
6 Helper (4)
7 Cooks in the oven (6)
8 Amused (11)
13 A period of 366 days (4,4)
14 Expecting prices to fall (7)
15 Mysterious; secret (6)
16 Wild animals (6)
17 Money (5)
19 Partly open (4)

PUZZLE 51

Across

1 On top of (4)
3 Teaches (8)
9 Opposite of pushing (7)
10 Very masculine (5)
11 Extremity (3)
12 Upright (5)
13 Should (5)
15 Surprise result (5)
17 Unit of heat (5)
18 Metal container (3)
19 Bits of meat of low value (5)
20 Below (7)
21 Spattered with liquid (8)
22 Halt (4)

Down

1 Not ostentatious (13)
2 Lubricated (5)
4 Sharp bend in a road (3-3)
5 Contests (12)
6 Permits to travel (7)
7 Fairness in following the rules (13)
8 Type of cloud (12)
14 Visibly anxious (7)
16 Firmly fixed (6)
18 Skilled job (5)

PUZZLE 52

Across

1 Trees with lobed leaves (6)
7 Sparkles (8)
8 Definite article (3)
9 Deep gorge (6)
10 Third Gospel (4)
11 Endures (5)
13 Mournful poems (7)
15 Eccentricity (7)
17 Celestial bodies (5)
21 Become healthy again (4)
22 Confine as a prisoner (6)
23 Single in number (3)
24 Mapping out in advance (8)
25 Detects; feels (6)

Down

1 Reciprocal (6)
2 Portions (6)
3 Remains (5)
4 Gestures that convey meaning (7)
5 Window in a roof (8)
6 Shout down; harass (6)
12 Prickling sensation (8)
14 Drug that relieves pain (7)
16 Profoundly (6)
18 Irritates (6)
19 Travels too quickly (6)
20 Bucks (5)

PUZZLE 53

Across

1 Every 24 hours (5)
4 Appease; placate (7)
7 Stage performer (5)
8 Make impossible (8)
9 Grind teeth together (5)
11 Sonorous (8)
15 Impetus (8)
17 Parts of the cerebrum (5)
19 Capital of Jamaica (8)
20 Lively; cheerful (5)
21 Supplanted (7)
22 Fabric used to make jeans (5)

Down

1 Dissipation (9)
2 Fragrant compound (7)
3 Screaming (7)
4 Unmarried young woman (6)
5 Small pit or cavity (6)
6 Sheets of floating ice (5)
10 Keyboard instrument (9)
12 Ruled (7)
13 Cowboy hat (7)
14 Drinking container (6)
16 Thought; supposed (6)
18 Baking appliances (5)

PUZZLE 54

Across

1 Consumes (4)
3 Enclosure formed from upright stakes (8)
9 Increase the duration of (7)
10 Alter (5)
11 Extremely harmful (12)
13 Archimedes' famous cry (6)
15 Edible plant tuber (6)
17 Bubbling (12)
20 Excuse of any kind (5)
21 Removing frost from a windscreen (2-5)
22 Defector (8)
23 Break away (4)

Down

1 Anticipated (8)
2 Game fish (5)
4 Large solitary cats (6)
5 Type of contest (12)
6 United States (7)
7 Finishes (4)
8 The management of a home (12)
12 European country (8)
14 Violent and lawless person (7)
16 Eluded (6)
18 Join together; merge (5)
19 Place where a wild animal lives (4)

PUZZLE 55

Across

1 Petty (5-6)
9 Play a guitar (5)
10 Frozen water (3)
11 Group (5)
12 Work tables (5)
13 Powerfully (8)
16 Remedial (8)
18 Silly (5)
21 Saying (5)
22 Rodent (3)
23 Law court official (5)
24 Unimaginable (11)

Down

2 Dominion (7)
3 Whipping (7)
4 Subject to death (6)
5 Titled (5)
6 Leaves (5)
7 Accredited diplomats (11)
8 Quantification (11)
14 Tropical disease (7)
15 Stronghold (7)
17 Poorly dressed child (6)
19 Japanese mattress (5)
20 Adolescence (5)

PUZZLE 56

Across

1 Bird of peace (4)
3 Sunshades (8)
9 e.g. primrose and lemon (7)
10 Coming after (5)
11 Re-evaluation (12)
13 Atmospheric phenomenon (6)
15 Brusque and irritable (6)
17 Part of the mind (12)
20 Port-au-Prince is the capital here (5)
21 Cutting meat into very small pieces (7)
22 Liking for something (8)
23 Give out (4)

Down

1 Reverie (8)
2 Longest river in Europe (5)
4 Birthplace of St Francis (6)
5 Comprehensive (3-9)
6 Day trips (7)
7 Ride the waves (4)
8 Building (12)
12 Vision (8)
14 Gathering of old friends (7)
16 Dwarfish creatures (6)
18 Widespread dislike (5)
19 Cook (4)

PUZZLE 57

Across

1 Landmarks; spectacles (6)
7 Awesome (8)
8 Half of four (3)
9 Plant with deep purple flowers (6)
10 Lots (anag.) (4)
11 Harsh and grating in sound (5)
13 Secured against loss or damage (7)
15 Skills (7)
17 Striped animal (5)
21 At that time (4)
22 Seldom (6)
23 Viscous liquid (3)
24 Incessant (8)
25 Protected from sunlight (6)

Down

1 Long-haired breed of dog (6)
2 Hand protectors (6)
3 Rinse out (5)
4 Combining (7)
5 Coerce into doing something (8)
6 Continent (6)
12 Cleaning feathers (8)
14 Faintly illuminated at night (7)
16 Hurting (6)
18 Further-reaching than (6)
19 Mixed up or confused (6)
20 Pulls along forcefully (5)

PUZZLE 58

Across

1 Suggesting indirectly (11)
9 Deliberate; cogitate (5)
10 Took an exam (3)
11 Sowed (anag.) (5)
12 Vertical part of a step (5)
13 Bowed to royalty (8)
16 Wild prank (8)
18 Male relation (5)
21 Inner circle (5)
22 High ball in tennis (3)
23 Bring together (5)
24 Nostalgic (11)

Down

2 System of interconnected things (7)
3 Ardent (7)
4 One of a kind (6)
5 Buyer (5)
6 Birds lay their eggs in these (5)
7 Boldly (11)
8 Narrator (11)
14 Marked by prosperity (of a past time) (7)
15 Brazilian dance (7)
17 Division of a group (6)
19 Strong thick rope (5)
20 Show triumphant joy (5)

PUZZLE 59

Across

1 Bursts (4)
3 Male journalists (8)
9 Horizontal plant stem (7)
10 Spends time doing nothing (5)
11 Somnambulism (12)
14 Opposite of bottom (3)
16 Fruit of the oak (5)
17 Born (3)
18 Failure to act with prudence (12)
21 High up (5)
22 Large flat dish (7)
23 Lessening (8)
24 Undergarments (4)

Down

1 Organism that exploits another (8)
2 Cost (5)
4 Cereal grass (3)
5 Spotless (5-3-4)
6 Dark pigment in skin (7)
7 Facial feature (4)
8 In a self-satisfied manner (12)
12 Home (5)
13 Gauges (8)
15 Type of pheasant (7)
19 Organic compound (5)
20 Molten rock (4)
22 Tack (3)

PUZZLE 60

Across

1 Young children (4)
3 Portable device to keep the rain off (8)
9 Surgical knives (7)
10 Sense of seeing (5)
11 Saying; slogan (5)
12 Printed mistake (7)
13 Alcove (6)
15 Untape (anag.) (6)
17 Make bigger (7)
18 Invigorating medicine (5)
20 Clumsy (5)
21 Uncomplaining (7)
22 Protecting (8)
23 Hunted animal (4)

Down

1 Advertising by telephone (13)
2 Religious doctrine (5)
4 Church services (6)
5 Revival of something (12)
6 Make less dark (7)
7 In a reflex manner (13)
8 Showed (12)
14 Volcanic crater (7)
16 Diminish (6)
19 More pleasant (5)

PUZZLE 61

Across

1 Cheat someone financially (5-6)
9 Record on tape (5)
10 Anger (3)
11 Fruit (5)
12 Number after seven (5)
13 Abandoned (8)
16 Old toll road (8)
18 Informs (5)
21 Lessen (5)
22 First woman (3)
23 Liberates (5)
24 Founded (11)

Down

2 Rip hats (anag.) (7)
3 Lively festivities (7)
4 Hug (6)
5 Arose from slumber (5)
6 Departing (5)
7 A parent's Dad (11)
8 Lacking distinguishing characteristics (11)
14 Uncovers (7)
15 Very odd (7)
17 Ill (6)
19 Vegetables related to onions (5)
20 Capital of Bulgaria (5)

PUZZLE 62

Across

1 Military opponent (5)
4 Firm opinions (7)
7 Currently in progress (5)
8 Bowl-shaped strainer (8)
9 Russian monarchs (5)
11 Gibberish (8)
15 Out of date (8)
17 Looks good on (5)
19 At work (2-3-3)
20 Go away from quickly (5)
21 Sharp painful blow (7)
22 Slumbered (5)

Down

1 Accuracy (9)
2 Division of the UK (7)
3 Not as old (7)
4 Harasses; hems in (6)
5 Steep in liquid (6)
6 Fine powdery foodstuff (5)
10 Watercraft with a motor (9)
12 Disturbs or upsets (7)
13 Lie under oath (7)
14 Reach a specified level (6)
16 Large sign (6)
18 Unabridged (5)

PUZZLE 63

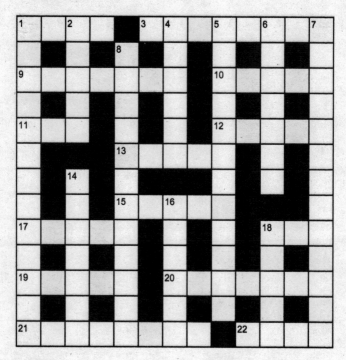

Across

1 Cries (4)
3 Pertaining to Spain (8)
9 Ate a midday meal (7)
10 Not containing anything (5)
11 Beam of light (3)
12 Not concealed (5)
13 Mythical unpleasant giants (5)
15 Composition for a solo instrument (5)
17 Connection; link (3-2)
18 Belgian town (3)
19 Command (5)
20 Sustain with food (7)
21 Monotony (8)
22 Celestial body (4)

Down

1 Sanctimonious (4-9)
2 Discuss an idea casually (5)
4 Situated within a building (6)
5 Absurd (12)
6 Brother's children (7)
7 Codebreaker (13)
8 Evergreen shrub (12)
14 Liberty (7)
16 Planet (6)
18 Garment with sleeves (5)

PUZZLE 64

Across

1 Occurring on the surface (11)
9 Mammal that eats bamboo (5)
10 Not bright; darken (3)
11 Unpleasant facial expression (5)
12 Money container (5)
13 Government by a king or queen (8)
16 Certain (8)
18 Singing voices (5)
21 Small woody plant (5)
22 Young bear (3)
23 Wide open (of the mouth) (5)
24 Forewarning (11)

Down

2 Defective (7)
3 Look into (7)
4 End (6)
5 Muscular contraction (5)
6 Tree of the birch family with toothed leaves (5)
7 Likeness (11)
8 Watertight (11)
14 Express disagreement (7)
15 Wavering vocal quality (7)
17 Get hold of (6)
19 Underground enlarged stem (5)
20 Large group of insects (5)

PUZZLE 65

Across

1 Infinitesimally small (6)
7 Sanitary (8)
8 Collection of paper (3)
9 Assertion (6)
10 With the addition of (4)
11 Smells strongly (5)
13 Morally right (7)
15 Thing causing outrage (7)
17 Apart from (5)
21 Foal (anag.) (4)
22 Arm strengthening exercise (4-2)
23 Be in debt (3)
24 Wily (8)
25 Group of seven (6)

Down

1 Domestic assistant (2,4)
2 One's twilight years (3,3)
3 Requiring much mastication (5)
4 Nimbleness (7)
5 Gives up any hope (8)
6 Leg bone (6)
12 Relations by blood (8)
14 Embellish (7)
16 Early spring flower (6)
18 Bring into a country (6)
19 Scope (6)
20 Grinding machines (5)

PUZZLE 66

Across

1 Unit of linear measure (4)
3 Deserving blame (8)
9 Early Christian teacher (7)
10 Supply with; furnish (5)
11 Writing instrument (3)
12 Result (5)
13 Type of chemical bond (5)
15 Church songs (5)
17 Respond to (5)
18 Place where one sees animals (3)
19 Awry (5)
20 Type of vermouth (7)
21 Evacuating (8)
22 Smile broadly (4)

Down

1 Not suitable (13)
2 Children's entertainer (5)
4 Not level (6)
5 Ancestors (12)
6 Injured (7)
7 Art movement (13)
8 Immediately (12)
14 Laugh unrestrainedly (5,2)
16 Crazy person (6)
18 Former name of the Democratic Republic of Congo (5)

PUZZLE 67

Across

1 Think about carefully (11)
9 Good sense; reasoning (5)
10 Charged particle (3)
11 Tortoise carapace (5)
12 Raises up (5)
13 Put up with (8)
16 Clock timing device (8)
18 Supports (5)
21 Cleanse by rubbing (5)
22 Signal for action (3)
23 Fissures (5)
24 Acting out a part (4,7)

Down

2 Well-behaved (7)
3 Trellis (anag.) (7)
4 Item that attracts iron (6)
5 Nearby (5)
6 Robber (5)
7 Transfer responsibility elsewhere (4,3,4)
8 Incalculable (11)
14 Long wandering journey (7)
15 War trumpet (7)
17 Angry reprimand (6)
19 Doctrine; system of beliefs (5)
20 Powerful forward movement (5)

PUZZLE 68

Across

1 Sleeveless cloak; headland (4)
3 Exaggerated (8)
9 Puzzle (7)
10 Put an idea in someone's mind (5)
11 Change; modify (5)
12 State of the USA (7)
13 Becomes subject to (6)
15 World's largest country (6)
17 Fourth book of the Bible (7)
18 Leg bone (5)
20 Come to a place with (5)
21 Boastful person (7)
22 Throwing out (8)
23 Depend upon (4)

Down

1 Friendly (13)
2 Flour dough used in cooking (5)
4 Journey by sea (6)
5 Duplication (12)
6 Citrus fruits (7)
7 Wastefully; lavishly (13)
8 Boxing class division (12)
14 Mix (7)
16 Toward the rear of a ship (6)
19 Seawater (5)

PUZZLE 69

Across

1 Surface film; coating (6)
7 Boastful person (8)
8 Command to a horse (3)
9 End disappointingly (6)
10 Duration (4)
11 Long pointed teeth (5)
13 Those who catch prey (7)
15 Make something seem worthy (7)
17 Confess to be true (5)
21 Primates (4)
22 Requesting (6)
23 Small shelter (3)
24 Type of restaurant (8)
25 Woodcutter (6)

Down

1 Young hog (6)
2 Robberies (6)
3 Humming (5)
4 Cautious (7)
5 Excited or annoyed (8)
6 Vibration (6)
12 Extra large (4-4)
14 Business matters (7)
16 Make worse (6)
18 Strong (6)
19 Stifled laugh (6)
20 Seabirds (5)

PUZZLE 70

Across

1 Unkempt (of hair) (6)
4 Exclusive stories (6)
9 Reticular (7)
10 Motivate (7)
11 Competed in a speed contest (5)
12 Not illuminated (5)
14 Guide a vehicle (5)
15 Frustrated and annoyed (3,2)
17 Sweetener (5)
18 Piercing cry (7)
20 Mournful (7)
21 Oppose (6)
22 Fences made of bushes (6)

Down

1 Spanish title for a married woman (6)
2 Connected (8)
3 Trade association (5)
5 Outline of a natural feature (7)
6 Killer whale (4)
7 Choose (6)
8 One in charge of a school (4,7)
13 Chuckling (8)
14 Distributes around (7)
15 Suppurate (6)
16 Constructs (6)
17 Portion of a play (5)
19 Light beams (4)

PUZZLE 71

Across

1 Solemn promise (4)
3 Old World monkeys (8)
9 e.g. from Beijing (7)
10 Natural elevation (5)
11 Advised; encouraged (5)
12 Paid no attention to (7)
13 Egyptian god (6)
15 Soft felt hat (6)
17 Prevented (7)
18 Become active (of a volcano) (5)
20 Lacking meaning (5)
21 In the fresh air (7)
22 Passing (of time) (8)
23 Chickens lay these (4)

Down

1 Traditional opening to a children's story (4,4,1,4)
2 Making a knot in (5)
4 Pertaining to vinegar (6)
5 Agreements; plans (12)
6 Be subjected to (7)
7 Loyalty in the face of trouble (13)
8 Female school boss (12)
14 Japanese flower arranging (7)
16 Border (6)
19 Employing (5)

PUZZLE 72

Across

1 Expensive (6)
4 Irrelevant pieces of information (6)
9 Raging fire (7)
10 Four-stringed guitar (7)
11 e.g. salmon and coral (5)
12 Recurrent topic (5)
14 Thick slices (5)
15 Hard to please (5)
17 Cruel or severe (5)
18 Imply as a condition (7)
20 Uses up energy (7)
21 Domains (6)
22 Punctuation mark (6)

Down

1 Bird sounds (6)
2 Gentleness (8)
3 Entices (5)
5 Outcomes (7)
6 Container for flowers (4)
7 Form of a gene (6)
8 Climber (11)
13 Establish firmly (8)
14 Word having a similar meaning (7)
15 Component (6)
16 Selected (6)
17 Content (5)
19 Flaring star (4)

PUZZLE 73

Across

1 State of balance (11)
9 Small hill (5)
10 Man's best friend (3)
11 Loose scrums (rugby) (5)
12 Christmas song (5)
13 Art of controversial discussion (8)
16 Thick drink (8)
18 Clenched hands (5)
21 The papal court (5)
22 Taxi (3)
23 Supple (5)
24 One who held a job previously (11)

Down

2 Rapidly (7)
3 Annoying (7)
4 Symbolic (6)
5 Ancient object (5)
6 Beneath (5)
7 Correct to the last detail (4-7)
8 Form into a cluster (11)
14 Pair of pincers (7)
15 Spicy Spanish sausage (7)
17 Adhesive putty (6)
19 Moderate and well-balanced (5)
20 Of definite shape (5)

PUZZLE 74

Across

1 Extremely (4)
3 Angel of the highest order (8)
9 One of the planets (7)
10 Length of interlaced hair (5)
11 Steer (anag.) (5)
12 Sum added to interest (7)
13 Residents of an area (6)
15 Mendicant (6)
17 Reduce the volume (7)
18 Slender woman or girl (5)
20 Opposite of outer (5)
21 Puts money into a venture (7)
22 Core mass of a country (8)
23 Greek god of war (4)

Down

1 Voice projection (13)
2 Strong cords (5)
4 Free from a liability (6)
5 Uneasy (12)
6 Warming up (7)
7 Process of transformation (of an insect) (13)
8 Agreed upon by several parties (12)
14 Italian red wine (7)
16 e.g. from New Delhi (6)
19 Not a winner (5)

PUZZLE 75

Across

1 Fossil fuel (4)
3 Far on in development (8)
9 Shows again (7)
10 Military vehicles (5)
11 North American nation (abbrev.) (3)
12 Touch on; mention (5)
13 Tines (anag.) (5)
15 Cowboy exhibition (5)
17 Cuban folk dance (5)
18 Not on (3)
19 Horse's cry (5)
20 Type of alcohol (7)
21 Cherish; preserve (8)
22 Make a request to God (4)

Down

1 Line that bounds a circle (13)
2 First Greek letter (5)
4 Pieces of crockery (6)
5 Reconsideration; item added later (12)
6 Needle-leaved tree (7)
7 Shamefully (13)
8 Someone skilled in penmanship (12)
14 Realms (7)
16 Lower someone's dignity (6)
18 Possessor (5)

PUZZLE 76

Across

1 Long poems (5)
4 Having facial hair (7)
7 Established custom (5)
8 Stirring (8)
9 Seashore (5)
11 Quivered (8)
15 Force lifting something up (8)
17 Wanderer (5)
19 Relating to love (8)
20 Porcelain (5)
21 Pushes (7)
22 Heroic tales (5)

Down

1 Process of learning; schooling (9)
2 Brings about (7)
3 Substitute (7)
4 Copper and tin alloy (6)
5 Explanation (6)
6 Lives (anag.) (5)
10 Slender flexible squid appendages (9)
12 Sayings (7)
13 Injuring (7)
14 Pollutes (6)
16 Looks into thoroughly (6)
18 Opposite one of two (5)

PUZZLE 77

Across

1. Jeans (6)
4. Snarls (6)
9. A very skilled performer (7)
10. Backtrack (7)
11. Levies (5)
12. Having three dimensions (5)
14. Rides the waves (5)
15. Anxiety (5)
17. Card game (5)
18. Pays no attention to (7)
20. Draws forth (7)
21. Morsels of food (6)
22. Drowsy (6)

Down

1. Reduce to a lower grade (6)
2. Provoking (8)
3. Apportions a punishment (5)
5. Reviewers (7)
6. Alcoholic beverage (4)
7. Unmoving (6)
8. Witches (11)
13. Say mean things about another (8)
14. Foot support for a rider (7)
15. Self-evident truths (6)
16. Showy (6)
17. Bottle (5)
19. Close by (4)

PUZZLE 78

Across

1 Main body of a book (4)
3 Excellent (8)
9 Not tense (7)
10 Facial protuberances (5)
11 Limitless (12)
13 Enforce compliance with (6)
15 Spiritual meeting (6)
17 In a creative manner (12)
20 Cause to stop sleeping (5)
21 Country in Africa (7)
22 Campaigner (8)
23 Expression of regret (4)

Down

1 Fantastic (8)
2 Compound tissue in vascular plants (5)
4 Bone in the forearm (6)
5 Recovering from illness (of a person) (12)
6 Pancreatic hormone (7)
7 Long deep cut (4)
8 Thoroughly (12)
12 Uses again (8)
14 Agitate (7)
16 Stagnation or inactivity (6)
18 Allowed by official rules (5)
19 By word of mouth (4)

PUZZLE 79

Across

1 Withdraw (4,4)
5 Run at a moderate pace (4)
9 Draw or bring out (5)
10 Unwarranted (5)
11 Very tall building (10)
14 Waterlogged (6)
15 Teachers (6)
17 Formal greeting (3,2,3,2)
20 Smart; hurt (5)
21 Loop with a running knot (5)
22 Heroic tale (4)
23 Oversight (8)

Down

1 Platform leading out to sea (4)
2 Thug; oaf (4)
3 Productive insight (12)
4 Stylish; high quality (6)
6 Reassign (8)
7 Conceptual thinker (8)
8 Environment (12)
12 Importance; stress (8)
13 Moving slowly (8)
16 Opposite of top (6)
18 Large desert in Asia (4)
19 Noble gas (4)

PUZZLE 80

Across

1 Become part of a solution (8)
5 Stick used by a magician (4)
8 Sticks together (5)
9 Folds in a material (7)
10 Employment vacancy (7)
12 Underwriter (7)
14 Varnish (7)
16 Inactive pill (7)
18 Firmly establish (7)
19 Coldly (5)
20 Female child (4)
21 Increase (8)

Down

1 Excavates (4)
2 Plaster for coating walls (6)
3 Affected by a fixation (9)
4 Winner (6)
6 Attack someone (6)
7 Creator (8)
11 Instructing (9)
12 Losing grip (8)
13 Sharp knife (6)
14 Living room (6)
15 Raise (6)
17 Church song (4)

PUZZLE 81

Across

1. Keeps on at (4)
3. Most annoyed (8)
9. Crisp plain fabric (7)
10. Stomach exercise (3-2)
11. Fast food item (12)
13. Indigenous (6)
15. Put right (6)
17. Military judicial body (5,7)
20. Private room on a ship (5)
21. Praise strongly (7)
22. Emaciated (8)
23. Settlement smaller than a city (4)

Down

1. Observing (8)
2. Blunder (5)
4. Close at hand (6)
5. Minimum purchase cost at auction (7,5)
6. Exceptional; not usual (7)
7. Jar lids (4)
8. Persistence (12)
12. Plant of the primrose family (8)
14. Distress (7)
16. Leaping antelope (6)
18. State of the USA (5)
19. Freezes over (4)

PUZZLE 82

Across

1 Possessors (6)
7 One liquid dispersed in another (8)
8 Consume food (3)
9 Meaning; purpose (6)
10 Roman poet (4)
11 Muscular tissue (5)
13 Respected (7)
15 Opening to a room (7)
17 Converses (5)
21 Dagger handle (4)
22 Exaggerate (6)
23 Fastener (3)
24 Elation (8)
25 Temporary failures of concentration (6)

Down

1 Unique (3-3)
2 See (6)
3 Number of deadly sins (5)
4 Imprisonment (7)
5 Amaze (8)
6 Courteous (6)
12 Elastic (8)
14 Stonework (7)
16 Not allowing light to pass through (6)
18 Sad pot (anag.) (6)
19 Military blockades (6)
20 Wild and untamed (5)

PUZZLE 83

Across

1 Wanders (of a stream) (8)
5 Emit a breath of sadness (4)
8 Courage; boldness (5)
9 Things done (7)
10 Competitor (7)
12 Started a fire (7)
14 Last in a series (7)
16 Dispensers (7)
18 Absolutely incredible (7)
19 Electronic device (5)
20 Otherwise (4)
21 Distinction; high status (8)

Down

1 Resident of an abbey (4)
2 Pilot (6)
3 Trancelike (9)
4 Cried out (of a lion) (6)
6 Line of equal pressure on a map (6)
7 Suffering from indecision (8)
11 Workman; shopkeeper (9)
12 Potentially self-destructive (8)
13 Organic compounds (6)
14 Respect and admire (6)
15 Dispute the truth of (6)
17 Unit of heredity (4)

PUZZLE 84

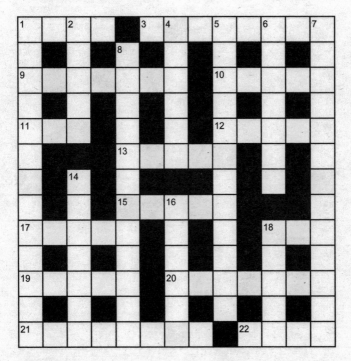

Across

1 Opposite of fail (4)
3 Read out loud (8)
9 Lifting up (7)
10 Dominant theme (5)
11 Breed of dog (3)
12 Extent or limit (5)
13 Takes a break (5)
15 Factual evidence (5)
17 Insect larva (5)
18 Suitable (3)
19 Expressing emotions (of poetry) (5)
20 Capital of Georgia in the US (7)
21 Pardons (8)
22 Shaft on which a wheel rotates (4)

Down

1 Miscellaneous equipment (13)
2 Move back and forth (5)
4 Annoys (6)
5 Regretfully (12)
6 Of great size (7)
7 Distinguish between (13)
8 Pertaining to a person's life (12)
14 Photographic devices (7)
16 Series of eight notes (6)
18 Attach to (5)

PUZZLE 85

Across

1 Assent or agree to (6)
4 Insect that transmits sleeping sickness (6)
9 e.g. male and female (7)
10 Compress (7)
11 Lines (anag.) (5)
12 Foundation (5)
14 Curves (5)
15 Worship (5)
17 Dried kernel of the coconut (5)
18 Text accompanying a cartoon (7)
20 Relating to current affairs (7)
21 Expels air abruptly (6)
22 Ukrainian port (6)

Down

1 Messengers of God (6)
2 Piece for a soloist and orchestra (8)
3 Put clothes on (5)
5 Residential areas (7)
6 Hollow cylinder (4)
7 Frames used by artists (6)
8 Homework tasks (11)
13 Believes tentatively (8)
14 Charm; enchant (7)
15 Very cold (of weather) (6)
16 Plant of the daisy family (6)
17 Managed to deal with (5)
19 South American country (4)

PUZZLE 86

Across

1 Serving to enlighten; instructive (11)
9 Impersonator (5)
10 Possess (3)
11 Woolly ruminant animal (5)
12 Arrive at (5)
13 Exactly on time (informal) (2,3,3)
16 Language used by an individual (8)
18 Find an answer to (5)
21 More mature (5)
22 Put down (3)
23 Unfasten (5)
24 Of noble birth (4-7)

Down

2 Hates (7)
3 Not easy to understand (7)
4 Red salad fruit (6)
5 Academy Award (5)
6 Hawaiian greeting (5)
7 Fraudulently (11)
8 Not having a written constitution (11)
14 Capital of Ontario (7)
15 Green vegetation (7)
17 Banish; eliminate (6)
19 Faithful (5)
20 Escape from (5)

PUZZLE 87

Across

1 Remove from office (6)
4 Ablaze (6)
9 Fear of heights (7)
10 Act of entering (7)
11 Musical sounds (5)
12 Lacking interest (5)
14 Cutting instrument (5)
15 Burdened (5)
17 Auditory ossicle (5)
18 Criminal (7)
20 Packed (7)
21 Stable (6)
22 Period of prosperity (6)

Down

1 Dedicate (6)
2 Unreasonably anxious about (8)
3 From Switzerland (5)
5 Absolve (7)
6 Spots (4)
7 Wiped out (6)
8 Chance concurrence of events (11)
13 Supplied with (8)
14 Worked dough (7)
15 Revels (anag.) (6)
16 Willingly (6)
17 Got up (5)
19 Body of water (4)

PUZZLE 88

Across

1 Plummet (8)
5 Secure a boat (4)
8 Fleshy (5)
9 Walks with long steps (7)
10 Wandering (7)
12 Restaurant serving roast meats (7)
14 Single-handed (7)
16 Garments worn by women (7)
18 Regret (7)
19 Drain away from soil (of a chemical) (5)
20 Soft drink (US) (4)
21 Of many different kinds (8)

Down

1 Deprived of sensation (4)
2 Part of a motor (6)
3 Reveries (9)
4 Sacristy (6)
6 Establish by law (6)
7 Left one's job (8)
11 Nocturnal insect-eating mammal (9)
12 Beast with three heads (8)
13 Appeared indistinctly (6)
14 Rhesus (anag.) (6)
15 Leave (6)
17 Dull heavy sound (4)

PUZZLE 89

Across

1 Moved up and down on water (6)
7 Morally compel (8)
8 Cooking appliance (3)
9 Embarrassing mistake (3-3)
10 Modify (4)
11 Sediment (5)
13 Most slothful (7)
15 Do something more quickly (5,2)
17 Active cause (5)
21 Adult male singing voice (4)
22 Lethargy (6)
23 Pub (3)
24 Eighths of a mile (8)
25 Begins (6)

Down

1 See or observe (6)
2 Talk foolishly (6)
3 Uncertainty (5)
4 Distant runner-up in a horse race (4-3)
5 Concurring (8)
6 Morals (6)
12 Grotesquely carved figure (8)
14 Placing in position (7)
16 Diacritical mark of two dots (6)
18 Creepier (6)
19 Strong ringing sounds (6)
20 Very unpleasant (5)

PUZZLE 90

Across

1 Morally wicked (4)
3 Challenged a legal decision (8)
9 Item on a pizza (7)
10 Highways (5)
11 Broad inlet of the sea (3)
12 Lighter (5)
13 Small game bird (5)
15 Extent (5)
17 Employer (5)
18 Clumsy person (3)
19 Select class (5)
20 Containerful (7)
21 Beat out grain (8)
22 Salver (4)

Down

1 Institution (13)
2 State indirectly (5)
4 Eastern temple (6)
5 Excessively loud (12)
6 Pamphlet (7)
7 Suspiciously (13)
8 Squint harder (anag.) (12)
14 More jolly (7)
16 Happy; carefree (6)
18 Make available for sale (5)

PUZZLE 91

Across

1 Forebear (8)
5 Moist (4)
8 Loose outer garments (5)
9 No pears (anag.) (7)
10 Feeling of great happiness (7)
12 Hygienically (7)
14 Winged horse (7)
16 Rich fish soup (7)
18 Useful feature of a place (7)
19 Monotonous hum (5)
20 Compass point (4)
21 Fans (8)

Down

1 Breezy (4)
2 Small round stone (6)
3 Halted temporarily (9)
4 Fish-eating bird of prey (6)
6 Without ethics (6)
7 Egg-laying mammal (8)
11 Type of pasta (9)
12 Private meeting (8)
13 Tools for drilling holes (6)
14 Entreated; beseeched (6)
15 Deviate suddenly (6)
17 Flightless birds (4)

PUZZLE 92

Across

1 Fine powder (4)
3 Felon (8)
9 Spicy condiment (7)
10 Strong ringing sound (5)
11 District council head (5)
12 e.g. hydrogen or carbon (7)
13 Labelling (6)
15 Art of growing dwarfed trees (6)
17 Attacks (7)
18 Throw forcefully (5)
20 Visual representation (5)
21 Sharp tooth (7)
22 Working against (8)
23 Fight off (4)

Down

1 Instructions provided with a product (13)
2 Impertinent; cheeky (5)
4 Poems; sounds alike (6)
5 Unemotional and practical (6-2-4)
6 Tidies (7)
7 Prone to steal (5-8)
8 Inflexible (12)
14 Small hardy range horse (7)
16 Allocate a duty (6)
19 Important question (5)

PUZZLE 93

Across

1 Endpoint of a journey (11)
9 Sharp blade (5)
10 Wily (3)
11 Sully or blemish (5)
12 Use inefficiently; rubbish (5)
13 Incorporates (8)
16 Disease (8)
18 Pipes (5)
21 Male duck (5)
22 Not new (3)
23 Tall plants of the grass family (5)
24 Highly destructive (11)

Down

2 Improve (7)
3 Number of attendees (7)
4 Push against gently with the nose (6)
5 Hurled away (5)
6 Fertile spot in a desert (5)
7 Captivation (11)
8 Devices popular before computers existed (11)
14 Inclination (7)
15 Six-sided shape (7)
17 Anticipate (6)
19 Form of identification (5)
20 Country in Western Asia (5)

PUZZLE 94

Across
1 Opposite of least (4)
3 Omission from speech of superfluous words (8)
9 Manned (7)
10 Domesticated (5)
11 Corresponding; proportionate (12)
14 Goal (3)
16 Two times (5)
17 Epoch (3)
18 Determined (6-6)
21 About (5)
22 Supervisory worker (7)
23 Pestered constantly (8)
24 Three feet length (4)

Down
1 Composer or singer (8)
2 Sudden constriction (5)
4 Was in first place (3)
5 Middleman (12)
6 Large island of Indonesia (7)
7 Froth of soap and water (4)
8 Loving (12)
12 Bandage that supports an arm (5)
13 Blushed (8)
15 Developed (7)
19 Assumed proposition (5)
20 Protective crust (4)
22 Enemy (3)

PUZZLE 95

Across

1. Desire; hope for (4)
3. Sheath for a sword (8)
9. Person who keeps watch (7)
10. Beer (5)
11. Unseen observer (3,2,3,4)
13. Fix (6)
15. Winged child (6)
17. Animal lacking a backbone (12)
20. Thin mortar (5)
21. Assemble (7)
22. Shows (8)
23. Nervy (4)

Down

1. Raging conflagration (8)
2. Work of fiction (5)
4. Easily remembered (6)
5. Disregarding the rules (5,3,4)
6. Having sharp features (7)
7. Opposite of light (4)
8. Occurring at the same time (12)
12. Inattentively; vaguely (8)
14. Small cogwheels (7)
16. Sturdily built (6)
18. In front (5)
19. Matured (4)

PUZZLE 96

Across

1 Singe (4)
3 Curved surface of a liquid in a tube (8)
9 Given generously (7)
10 Simple aquatic plants (5)
11 Amazement (12)
14 Intentionally so written (3)
16 Trims (5)
17 Not me (3)
18 Lacking tolerance or flexibility (6-6)
21 Language of the Romans (5)
22 Least tame (7)
23 Extravagant fuss (8)
24 Pleased (4)

Down

1 Cave in (8)
2 Monastery superior (5)
4 Former measure of length (3)
5 Not allowable (12)
6 Persuasive relevance (7)
7 Ooze (4)
8 Clearness (12)
12 Spread by scattering (5)
13 No longer in fashion (8)
15 Close to the shore (7)
19 Reside (5)
20 Stone block (4)
22 How (anag.) (3)

PUZZLE 97

Across

1 Follow stealthily (5)
4 Equipped (7)
7 Comedian (5)
8 Makes remote; cuts off (8)
9 Extent (5)
11 Citing as evidence (8)
15 Flatter (6,2)
17 Shows tiredness (5)
19 Harsh; grating (8)
20 Leg joints (5)
21 Evergreen conifer (7)
22 Teams (5)

Down

1 Indecision (9)
2 Confirms a decision; supports (7)
3 Cigarette constituent (7)
4 Sincere; serious (6)
5 Baked (6)
6 Announcement (5)
10 Institutions providing healthcare (9)
12 Marks of a zebra (7)
13 Commanded (7)
14 Make beloved (6)
16 Speaks (6)
18 Harass; frustrate (5)

PUZZLE 98

Across

1 Breathe convulsively (4)
3 Plot outline for a play (8)
9 River in Africa (7)
10 Beastly (5)
11 Quality of being at hand when necessary (12)
13 Capital of Zimbabwe (6)
15 Pygmy chimpanzee (6)
17 Study of microorganisms (12)
20 Imitative of the past (5)
21 State of the USA (7)
22 Base of a statue (8)
23 Wire lattice (4)

Down

1 Cold Spanish tomato soup (8)
2 Brazilian dance (5)
4 Ascends (6)
5 Not intoxicating (of a drink) (12)
6 Italian dish (7)
7 Semi-precious agate (4)
8 Formal announcements (12)
12 Person of varied learning (8)
14 Cooked meat in the oven (7)
16 Fleet of ships (6)
18 Form of oxygen found in the atmosphere (5)
19 Take a firm hold of (4)

PUZZLE 99

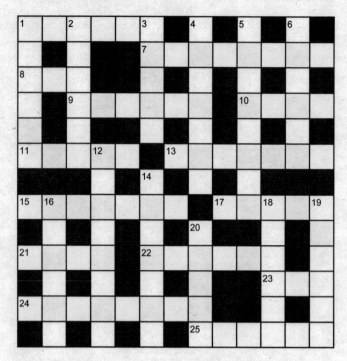

Across

1 Wireless communication devices (6)
7 Plausibly (8)
8 Range of knowledge (3)
9 Bangle worn at the top of the foot (6)
10 Aquatic bird of the rail family (4)
11 Spherical body (5)
13 Release (7)
15 A curse; wicked look (4,3)
17 Up and about (5)
21 Ewer (anag.) (4)
22 Prayer (6)
23 Expected at a certain time (3)
24 Expressing remorse (8)
25 Surrender (6)

Down

1 Gathering up leaves in the garden (6)
2 Electric generator (6)
3 Burn (5)
4 Open-meshed material (7)
5 Where chefs prepare food (8)
6 Doles out (6)
12 Official statement (8)
14 Past events (7)
16 Spectator (6)
18 Bicycle for two people (6)
19 Slacken (6)
20 Public disturbances (5)

PUZZLE 100

Across

1 Pulls a vehicle (4)
3 Lower jaw (8)
9 River in South America (7)
10 Woodland spirit (5)
11 Accomplishments (12)
13 Wears away (6)
15 Topple (6)
17 Sweat (12)
20 Fill with high spirits (5)
21 Sturdy thickset canine (7)
22 Spatters with liquid (8)
23 Just and unbiased (4)

Down

1 Insincere and dishonest (3-5)
2 Measure heaviness (5)
4 Made amends for (6)
5 Discreditable (12)
6 Water container (7)
7 Near (anag.) (4)
8 Vagrancy (12)
12 Person aged 13 - 19 (8)
14 Generally; in summary (7)
16 Make a hole (6)
18 Country in southern Asia (5)
19 Pollinating insects (4)

PUZZLE 101

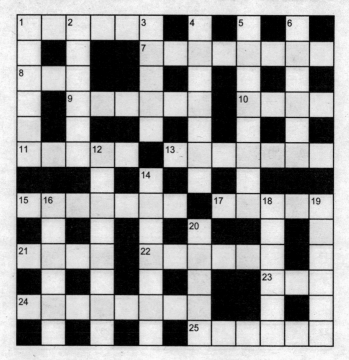

Across

1 State of matter (6)
7 Holding on tightly (8)
8 Long bench (3)
9 Single-celled organism (6)
10 Hero (4)
11 Tarnished (of a metal object) (5)
13 Removes impurities (7)
15 Endanger (7)
17 Light meal (5)
21 Worry about (4)
22 Excitingly strange (6)
23 Smack (3)
24 Predict a future event (8)
25 Occurring every sixty minutes (6)

Down

1 Pungent condiment (6)
2 Forever (6)
3 Land measures (5)
4 Becomes wider or more open (7)
5 Action of setting something on fire (8)
6 Repeat performance (6)
12 Decade from 1920 - 1929 (8)
14 Having two feet (7)
16 Correspond to (6)
18 Bow and arrow expert (6)
19 Very difficult or complex (6)
20 Well-mannered (5)

PUZZLE 102

Across

1 Suffers (4)
3 Opposite of departures (8)
9 Portable lamp (7)
10 Impudent; cheeky (5)
11 Enraging worm (anag.) (12)
13 Freshest (6)
15 Spiny tree or shrub (6)
17 Reallocate (12)
20 Word of farewell (5)
21 Plausible; defensible (7)
22 Person who hears (8)
23 Tiny social insects (4)

Down

1 Letting happen (8)
2 Of the moon (5)
4 Go back on a promise (6)
5 Directions (12)
6 Poisonous metallic element (7)
7 Utters (4)
8 Build up again from parts (12)
12 Groundless (8)
14 Small beetles (7)
16 Sculptured figure (6)
18 Living in a city (5)
19 Roald ___ : children's author (4)

PUZZLE 103

Across

1 Among (4)
3 Pleases immensely (8)
9 Stage in brewing (7)
10 Excessively mean (5)
11 Ten (anag.) (3)
12 Foolishly credulous (5)
13 Mental impressions (5)
15 Strong desires (5)
17 Relating to country life (5)
18 Scientific workplace (abbrev.) (3)
19 Musical speeds (5)
20 Melodious (7)
21 Restore confidence to (8)
22 Variety; sort (4)

Down

1 Person who manages the affairs of an insolvent company (13)
2 Small arm of the sea (5)
4 Enter into combat with (6)
5 Not staying the same throughout (12)
6 Accommodation (7)
7 25th anniversary celebration (6,7)
8 Tricky elements; obstacles (12)
14 Percussion instrument (7)
16 Water channel (6)
18 Towering (5)

PUZZLE 104

Across

1 Act of selling illegally (11)
9 Swells (5)
10 Move up and down repeatedly (3)
11 Flowers (5)
12 Tasting of sugar (5)
13 Begin (8)
16 Very large (8)
18 Relating to a city (5)
21 Destiny; fate (5)
22 Very small child (3)
23 Attractive young lady (5)
24 Company that transmits TV shows (11)

Down

2 Waterproof fabric (7)
3 Surface layer of earth (7)
4 Exertion (6)
5 e.g. oxygen and nitrogen (5)
6 Male aristocrat (5)
7 Document confirming an achievement (11)
8 Painting genre (8,3)
14 Ramblers (7)
15 Retention of data (7)
17 Sloping (of a typeface) (6)
19 Elector (5)
20 Venomous snake (5)

PUZZLE 105

Across

1 Nosed (anag.) (5)
4 Greet (7)
7 Blunt (5)
8 Inanimate (8)
9 Precious stone (5)
11 Bendy (8)
15 Knock down (8)
17 Wet thoroughly (5)
19 Annoyance (8)
20 Aromatic plants (5)
21 Takes a firm stand (7)
22 Bottoms of shoes (5)

Down

1 Invalidated (9)
2 Moved slowly with the current (7)
3 Choice cut of beef (7)
4 Small carnivorous mammal (6)
5 Opera by Bizet (6)
6 Medium of exchange (5)
10 Gentleness of touch (9)
12 Journeys by sea (7)
13 Not analogue (7)
14 Functional (6)
16 Votes into office (6)
18 Follows orders (5)

PUZZLE 106

Across

1. Disappear (6)
4. Venomous snakes (6)
9. e.g. use a towel after showering (3-4)
10. Slandered (7)
11. Impressive in appearance (5)
12. Marriages (5)
14. Hoarse (5)
15. Pursue in order to catch (5)
17. Passenger ship (5)
18. Kettledrums (7)
20. Bright and striking (7)
21. Gallic (6)
22. Dog-like mammals (6)

Down

1. Fierce or domineering woman (6)
2. State of the USA (8)
3. Got to one's feet (5)
5. Propriety and modesty (7)
6. At any time (4)
7. Protects from direct sunlight (6)
8. Callous (11)
13. Starchy banana-like fruit (8)
14. Pertaining to the liver (7)
15. Designated limit (3,3)
16. Rebuts (anag.) (6)
17. Entrance hall (5)
19. Colliery (4)

PUZZLE 107

Across

1 Heedless (11)
9 Remove errors from software (5)
10 Cause friction (3)
11 Hushed (5)
12 Hank of wool (5)
13 Uses seam (anag.) (8)
16 Give courage (8)
18 Assisted (5)
21 Make right (5)
22 Partly digested animal food (3)
23 Measuring stick (5)
24 Attention-grabbing (3-8)

Down

2 Most tidy (7)
3 A child beginning to walk (7)
4 Remains of a fire (6)
5 Roman cloaks (5)
6 Stanza of a poem (5)
7 A recollection (11)
8 Withdrawal of support (11)
14 Sovereign (7)
15 Postpone (7)
17 Hammerlike tool (6)
19 Risky (5)
20 Style of Greek architecture (5)

PUZZLE 108

Across

1 Spheres (4)
3 Bulbous perennial herb (8)
9 Final parts of stories (7)
10 Up to the time when (5)
11 Official praise (12)
14 Title of a married woman (3)
16 Keen (5)
17 Plant liquid (3)
18 Impregnable (12)
21 Ball of lead (5)
22 Statement of commemoration (7)
23 Provided a service (8)
24 Allows to happen (4)

Down

1 Defeat (8)
2 Darken (5)
4 Absolutely (3)
5 Comical tuner (anag.) (12)
6 Ideas (7)
7 Ring of light around the head (4)
8 Not capable of justification (12)
12 School of thought (5)
13 Orations (8)
15 Reddening of the skin (7)
19 Device used to give support (5)
20 Engage in argument (4)
22 Organ of sight (3)

PUZZLE 109

Across

1 Hating (8)
5 Silvery-white metallic element (4)
8 Shadow (5)
9 African country (7)
10 Live in (7)
12 Pear-shaped fruit native to Mexico (7)
14 Rowdy (7)
16 Skilled sportsman (7)
18 Type of deer (7)
19 Bring on oneself (5)
20 Mediocre (2-2)
21 Continues obstinately (8)

Down

1 Extol (4)
2 Ratio of reflected to incident light (6)
3 Anguish (9)
4 Papal representative (6)
6 Drink (6)
7 Parts of a book (8)
11 As likely to succeed as to fail (3-2-4)
12 Progresses (8)
13 Horses (anag.) (6)
14 Hold in high esteem (6)
15 16 of these in a pound (6)
17 Makes a mistake (4)

PUZZLE 110

Across

1 Precise (5)
4 Plotter (7)
7 Rushes along; skims (5)
8 Bog (8)
9 Opinions (5)
11 Anxiety (8)
15 Suppresses a feeling (8)
17 Choose through voting (5)
19 Aided (8)
20 Tarnish (5)
21 Allowing (7)
22 Small branch (5)

Down

1 Fluent use of language (9)
2 Place in order (7)
3 Abounding (7)
4 Parts of church towers (6)
5 Greek mathematician (6)
6 Equip (5)
10 Sinking (9)
12 Tries hard (7)
13 Letters (anag.) (7)
14 Wildcat (6)
16 Pondering (6)
18 Parasitic insect (5)

PUZZLE 111

Across

1 Identical; unchanged (4)
3 In spite of the fact (8)
9 Chanted (7)
10 Confuse (5)
11 Sound of quick light steps (6-6)
14 Knock vigorously (3)
16 Skirmish (5)
17 Lay seed in the ground (3)
18 Person studying after a first degree (12)
21 Sheet (anag.) (5)
22 Affinity (7)
23 Innate ability (8)
24 Song for a solo voice (4)

Down

1 Unreliable; shifty (8)
2 Short choral composition (5)
4 Protective cover (3)
5 Very upsetting (5-7)
6 Remove clothes (7)
7 Pay close attention to (4)
8 Sporadic (12)
12 Directly opposite in character (5)
13 Flowering plant (5,3)
15 Least well off (7)
19 Loathe (5)
20 Volcano in Sicily (4)
22 Child (3)

PUZZLE 112

Across

1 Thought or suggestion (4)
3 Gifts (8)
9 Reduced in scope or length (3-4)
10 Abatement (5)
11 Hurried (3)
12 Fault (5)
13 Public meeting for open discussion (5)
15 Insurgent or revolutionary (5)
17 Ballroom dance (5)
18 Life force (3)
19 Boasts about (5)
20 Surplus or excess (7)
21 All people (8)
22 Pottery material (4)

Down

1 Forever honest (13)
2 Consumed (5)
4 Cause to become (6)
5 Working for oneself (4-8)
6 Saunter (anag.) (7)
7 Magnificently (13)
8 Vehemently (12)
14 Year in which wine was produced (7)
16 Large terrestrial monkey (6)
18 Move slowly (5)

PUZZLE 113

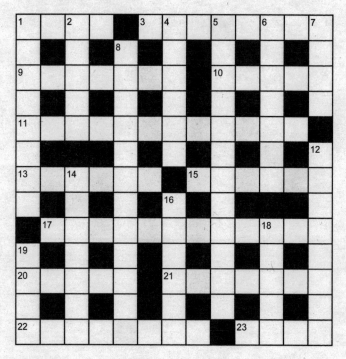

Across

1 Simple non-flowering plant (4)
3 Rodent (8)
9 Examine (7)
10 Things to be done (5)
11 Large Brazilian city (3,2,7)
13 Provoke (6)
15 Small summer-house (6)
17 Monotonously (12)
20 Undo (5)
21 Person whose name is not specified (2-3-2)
22 Process of sticking to a surface (8)
23 Arduous journey (4)

Down

1 Corrosive precipitation (4,4)
2 Enthusiasm (5)
4 Make illegal (6)
5 Relating to numbers (12)
6 Sudden increase (7)
7 Freedom from difficulty (4)
8 Notwithstanding (12)
12 Exterior of a motor vehicle (8)
14 Fastest animal on land (7)
16 Complete failure (6)
18 Senior figure in a tribe (5)
19 Insect stage (4)

PUZZLE 114

Across
1 Coop up (6)
4 Less strong (6)
9 Nerve impulses (7)
10 Wither (7)
11 Fully prepared (5)
12 Cover with liquid (5)
14 Hands over (5)
15 Type of lizard (5)
17 Balance (5)
18 Japanese dish of raw fish (7)
20 Changes gradually (7)
21 Softwood tree (6)
22 Small piece of food (6)

Down
1 Make certain of (6)
2 Relating to weather (8)
3 Overly showy (5)
5 Female ruler (7)
6 Capital of the Ukraine (4)
7 Repeat (6)
8 Findings (11)
13 Assuages (8)
14 Largest anthropoid ape (7)
15 Informal chatter (6)
16 Ship (6)
17 Camera image (abbrev.) (5)
19 Exchange (4)

PUZZLE 115

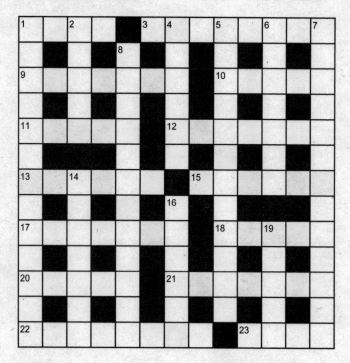

Across

1 Cry of derision (4)
3 Overcome a difficulty (8)
9 Female siblings (7)
10 Violent weather (5)
11 Ice home (5)
12 Cut of beef (7)
13 Overrun in large numbers (6)
15 Part of the eye (6)
17 Deliver by parachute (3-4)
18 Join together (5)
20 Not suitable in the circumstances (5)
21 Bring a law into effect again (2-5)
22 Channels of the nose (8)
23 Work hard (4)

Down

1 Explanatory reason (13)
2 Tripod for an artist (5)
4 Surprise results (6)
5 Made in bulk (4-8)
6 Idealistic (7)
7 Unpredictable (13)
8 One who takes part in a protest (12)
14 Layouts; styles (7)
16 Helix (6)
19 Adult insect (5)

PUZZLE 116

Across

1 Knowledge (abbrev.) (4)
3 Utters repeatedly (8)
9 Film starring Jim Carrey (3,4)
10 Clean spiritually (5)
11 Help (3)
12 Steep slope (5)
13 Drives out from a place (5)
15 Travels on a bicycle (5)
17 Pale orange tropical fruit (5)
18 Used to be (3)
19 Compass point (5)
20 Precondition (7)
21 Abiding; lasting (8)
22 Where you are now (4)

Down

1 Inflexibility (13)
2 Area of open land (5)
4 Streak (anag.) (6)
5 Reclamation (12)
6 Cyclone (7)
7 Any means of advancement (8,5)
8 Mapmaker (12)
14 Burnt (7)
16 Visit informally (4,2)
18 Produce a literary work (5)

PUZZLE 117

Across

1 Sleeping through winter (11)
9 Sing softly (5)
10 Vessel (3)
11 Plants of a region (5)
12 Mournful song (5)
13 Someone paddling a light boat (8)
16 Soldier (8)
18 Promised (5)
21 Remains; destroys (5)
22 SI unit of illuminance (3)
23 Rough version of a document (5)
24 Illogical (11)

Down

2 Seize and take legal custody of (7)
3 Gets out (7)
4 Loops with running knots (6)
5 Shaped up (5)
6 At no time (5)
7 For all practical purposes (11)
8 Energetically or vigorously (11)
14 Neaten (7)
15 Toxin in the body (7)
17 Church instruments (6)
19 Pallid (5)
20 Evade (5)

PUZZLE 118

Across

1 Quantity of medication (4)
3 Popular lunch food (8)
9 Tranquil (7)
10 Motionless (5)
11 Cotton twill fabric (5)
12 Do away with (7)
13 Circles a planet (6)
15 Black Sea peninsula (6)
17 Remnant (7)
18 Discharge (5)
20 Wrong (5)
21 Searched clumsily (7)
22 Quotidian (8)
23 Indolently (4)

Down

1 Cocoa product without milk (4,9)
2 Japanese dish (5)
4 Not sinking (6)
5 Ill-mannered (12)
6 One of the platinum metals (7)
7 Unenthusiastically (4-9)
8 Easily (12)
14 Seed bid (anag.) (7)
16 Mark of disgrace (6)
19 Receded (5)

PUZZLE 119

Across

1 Booked in advance (8)
5 Goad on (4)
8 White waterbird (5)
9 Made a bubbling sound (7)
10 Fabric (7)
12 Smart; chic (7)
14 Sleeps lightly (7)
16 Restlessness; state of worry (7)
18 Agitate; bother (7)
19 Seeped (5)
20 Not difficult (4)
21 Substance causing a reaction (8)

Down

1 Ridge of rock (4)
2 View in detail (6)
3 Fight back (9)
4 Next after seventh (6)
6 Insipid (6)
7 North American diving ducks (8)
11 Percussion instrument (9)
12 Sit with legs wide apart (8)
13 Has objective reality (6)
14 Token (6)
15 Move with short sharp turns (6)
17 Paradise garden (4)

PUZZLE 120

Across

1 Production (11)
9 With a forward motion (5)
10 Arrest; apprehend (3)
11 Warning noise from an emergency vehicle (5)
12 Happen again (5)
13 Expression of praise (8)
16 Highly seasoned smoked beef (8)
18 Capital of Ghana (5)
21 Happening (5)
22 Not (anag.) (3)
23 Belief in a god or gods (5)
24 Luckily (11)

Down

2 Remove or take out (7)
3 Candidly (7)
4 Firmly established (6)
5 Extreme displeasure (5)
6 Sceptic (5)
7 Eating establishments (11)
8 Shortened (11)
14 Try (7)
15 Menacing (7)
17 Something done (6)
19 Showing a willingness to achieve results (3-2)
20 Detailed financial assessment (5)

PUZZLE 121

Across

1 Closed hand (4)
3 Ridiculously (8)
9 Rower (7)
10 Put into use (5)
11 Shyness (12)
14 Involuntary spasm (3)
16 Decay (5)
17 Entirely (3)
18 Intentionally (12)
21 Stagger (5)
22 Vent for molten lava (7)
23 Royal domains (8)
24 Plant stalk (4)

Down

1 Flower sellers (8)
2 Walk with an affected gait (5)
4 Disallow (3)
5 Not capable of reply (12)
6 Certificate (7)
7 Spool-like toy (4)
8 Made poor (12)
12 Call forth (5)
13 Recreational area for children (8)
15 V-shaped line or stripe (7)
19 Make law (5)
20 Anti-aircraft fire (4)
22 Vitality (3)

PUZZLE 122

Across

1 Breathing passage (6)
4 Arachnid (6)
9 Music player (7)
10 Piece of art made from various materials (7)
11 Shrewd (5)
12 Prevent (5)
14 Lacking enthusiasm; weary (5)
15 At that place; not here (5)
17 Liquid part of fruits (5)
18 Accumulation of uncompleted work (7)
20 Clinging shellfish (7)
21 Most secure (6)
22 Far from the target (6)

Down

1 Showing utter resignation (6)
2 Relight a fire (8)
3 Monastery church (5)
5 Warhead carried by a missile (7)
6 Prima donna (4)
7 Least polite (6)
8 Extremely (11)
13 Person who maintains machines (8)
14 Gelatin products (7)
15 Pieces of furniture (6)
16 Contemptibly small (6)
17 Side posts of doorways (5)
19 Young cow (4)

PUZZLE 123

Across

1 Foolish (4)
3 One with another (8)
9 Extract (7)
10 Infective agent (5)
11 Eager (12)
13 Liveliness (6)
15 Feeling of resentment (6)
17 Compensate for (12)
20 Electronic communication (5)
21 Vessel that cleans rivers (7)
22 Greedy (8)
23 Agitate (4)

Down

1 Intensified (8)
2 One side of a gem (5)
4 Make a larger offer at auction (6)
5 Person who listens into conversations (12)
6 Hasty (7)
7 Expose to danger (4)
8 A type of error in speech (8,4)
12 University teacher (8)
14 Proportionately (3,4)
16 Introduction (4-2)
18 Gold block (5)
19 Mass of floating ice (4)

PUZZLE 124

Across

1 Unjust (11)
9 Ellipses (5)
10 Nay (anag.) (3)
11 Good at (5)
12 Loutish person (5)
13 Dowdiness (8)
16 Large root vegetable (8)
18 Contest (5)
21 Criminal (5)
22 Louse egg (3)
23 One-way flow structure (5)
24 A parent's Mum (11)

Down

2 Horse's fodder container (7)
3 Repeating the words of another (7)
4 Son of Daedalus in Greek mythology (6)
5 The testing of a metal (5)
6 Reluctant (5)
7 Promising; budding (2-3-6)
8 Relating to fireworks (11)
14 Without flaws (7)
15 Business providing flights (7)
17 Symbol or representation (6)
19 Teacher (5)
20 Place of refuge (5)

PUZZLE 125

Across

1 Definite and clear (8)
5 Large wading bird (4)
8 English homework assignment (5)
9 Eighth sign of the zodiac (7)
10 Angular units (7)
12 Settle a dispute (7)
14 Have a positive impact (7)
16 Relished (7)
18 Porch (7)
19 Softly radiant (5)
20 Optimistic (4)
21 Judges (8)

Down

1 Fencing sword (4)
2 Elapsed (of time) (6)
3 Awfully (9)
4 Ursine (anag.) (6)
6 Subsidiary action (6)
7 Financial supporters (8)
11 Irritate (9)
12 Beauty treatment (8)
13 Narrow sea inlets (6)
14 Personal principles (6)
15 Rejoices (6)
17 Inspires fear (4)

PUZZLE 126

Across
1 State of the USA (4)
3 Went before (8)
9 Stuffy (7)
10 Individual things (5)
11 Type of vase (3)
12 Spring flower (5)
13 Go in (5)
15 U-shaped curve in a river (5)
17 Oarsman (5)
18 Jolt (3)
19 Eighth Greek letter (5)
20 Avoidance (7)
21 Terrible (8)
22 Stringed instrument (4)

Down
1 Pure (13)
2 Garment worn in the kitchen (5)
4 Be aggrieved by (6)
5 Female fellow national (12)
6 Bored into (7)
7 Act of vanishing (13)
8 From this time on (12)
14 Not in any place (7)
16 Writing desk (6)
18 Succulent (5)

PUZZLE 127

Across

1. Keep (5)
4. Financiers (7)
7. Speed in nautical miles per hour (5)
8. Breaks an agreement (8)
9. Clamorous (5)
11. Database of information (8)
15. Secret (4-4)
17. Meat juices (5)
19. Household implements (8)
20. Ahead of time (5)
21. Characteristics; features (7)
22. Draw off liquid from (5)

Down

1. Trembling (9)
2. Elongated rectangles (7)
3. Make weary (7)
4. Show-off (6)
5. Without pattern (6)
6. Short letters (5)
10. Sailors of light vessels (9)
12. End chat (anag.) (7)
13. African country (7)
14. Slender (6)
16. Undoes (6)
18. Garners (5)

PUZZLE 128

Across

1 Bunch of feathers (4)
3 Unfit for consumption (of food) (8)
9 Periodical (7)
10 Nearby (5)
11 Pertaining to letters (12)
14 Affirmative vote (3)
16 The Hunter (constellation) (5)
17 Become firm (3)
18 Author of screenplays (12)
21 Geographical plan (5)
22 Flaw (7)
23 Advocate of representative government (8)
24 Bypass (4)

Down

1 Beautiful mausoleum at Agra (3,5)
2 Fall heavily (5)
4 Nothing (3)
5 Lexicons (12)
6 Total weight of organisms (7)
7 Pitcher (4)
8 Unfriendly (12)
12 Kick out (5)
13 Spacecraft (8)
15 Cry out (7)
19 Artifice (5)
20 Corrosive substance (4)
22 Constrictor snake (3)

PUZZLE 129

Across

1 Put down on paper (6)
4 Concurs (6)
9 Bring to life (7)
10 Huge coniferous tree (7)
11 Fastens shut with a key (5)
12 Answer (5)
14 Discovers (5)
15 Later (5)
17 Unit of energy (5)
18 Bathing tub with bubbles (7)
20 Not connected to the internet (7)
21 Intend (anag.) (6)
22 Composite of different species (6)

Down

1 Actually (6)
2 Gossip (4-4)
3 Calls out loudly (5)
5 Flying vehicles without engines (7)
6 Currency of France and Germany (4)
7 Assorted; various (6)
8 Conclusion; ending (11)
13 Strange (8)
14 Fry until crisp (7)
15 Alter or move slightly (6)
16 Guard against (6)
17 A moment (5)
19 First son of Adam and Eve (4)

PUZZLE 130

Across

1 Communicate through gestures (4)
3 Places where fruit trees are grown (8)
9 Temporary stay (7)
10 Do really well at (5)
11 Strange and mysterious (5)
12 Set apart (7)
13 Yellow citrus fruits (6)
15 Graduates of an academic institution (6)
17 Without interruption (3-4)
18 Adhesive substance (5)
20 External (5)
21 Distinguished (7)
22 Stationery devices (8)
23 Challenge; openly resist (4)

Down

1 Of mixed character (13)
2 Army rank (5)
4 Smelling horrible (of old food) (6)
5 Written in pictorial symbols (12)
6 Get back (7)
7 Obviously (4-9)
8 Occult (12)
14 The small details of something (7)
16 Raise up (6)
19 Type of military operation (5)

PUZZLE 131

Across

1 Wine container (4)
3 Frozen dessert (3,5)
9 Mischievous (7)
10 Made a mistake (5)
11 Fix the result in advance (3)
12 Automaton (5)
13 Speculate (5)
15 Unspecified object (5)
17 Fixed platform by water (5)
18 Popular beverage (3)
19 Wall painting (5)
20 Ugly building (7)
21 Recently married (5-3)
22 Legume (4)

Down

1 Female politician in the US (13)
2 Hurt by an insect like a wasp (5)
4 Wolflike wild dog (6)
5 Mentally acute (5-7)
6 Dressed in a vestment (7)
7 Large sea (13)
8 Considerately (12)
14 Garden bird (7)
16 Exist permanently in (6)
18 Store of hoarded wealth (5)

PUZZLE 132

Across

1 One more than four (4)
3 Neck injury (8)
9 Reply (7)
10 Ascends (5)
11 Not familiar with or used to (12)
14 Food item from a hen (3)
16 Prod with the elbow (5)
17 Make a mistake (3)
18 Ate excessively (12)
21 Group of eight (5)
22 Stopping (7)
23 Domains (8)
24 Roll of photographic film (4)

Down

1 Huge sums of money (8)
2 Panorama (5)
4 Removed from sight (3)
5 Resolutely (12)
6 Stern (7)
7 Jumble (4)
8 Intense (12)
12 Country in North East Africa (5)
13 Extravagant (8)
15 French dance (7)
19 Objection; complain (5)
20 Bark of a dog (4)
22 Cut of pork (3)

PUZZLE 133

Across

1 Constricts (8)
5 Uproarious party; hit hard (4)
8 What a mycologist studies (5)
9 Have a moderating effect on (7)
10 Structure resembling an ear (7)
12 Feel very down (7)
14 Arranged neatly (7)
16 Groups together (7)
18 Assistant; follower (7)
19 Furnish with new weapons (5)
20 Pace (4)
21 Large fish (8)

Down

1 Ingredient in vegetarian cooking (4)
2 Intellectual giant (6)
3 Conceivable (9)
4 Sugary flower secretion (6)
6 Seek to hurt (6)
7 Hampered (8)
11 Record-keeping official (9)
12 Simplified drawings (8)
13 Walked quickly (6)
14 State confidently (6)
15 Invalidate; nullify (6)
17 Superhero film based on comic characters (1-3)

PUZZLE 134

Across

1 Touches gently (4)
3 Thick dark syrup (8)
9 Product of the imagination (7)
10 Intended (5)
11 In a persuasive manner (12)
14 Material from which a metal is extracted (3)
16 Suspends (5)
17 Came first (3)
18 Not catching fire easily (3-9)
21 A satellite of Uranus (5)
22 Pertaining to the tongue (7)
23 Social insect (8)
24 Allot justice (4)

Down

1 Deserter (8)
2 Commence (5)
4 Not in (3)
5 Firm rebuke (12)
6 Lacking depth (7)
7 Locate or place (4)
8 Charmingly (12)
12 Latin American dance (5)
13 Form the base for (8)
15 Process of wearing away (7)
19 Beast (5)
20 Whip (4)
22 Sheltered side (3)

PUZZLE 135

Across

1 Obtains (4)
3 Rubbish (8)
9 Tallier (anag.) (7)
10 Indian monetary unit (5)
11 Dissatisfaction (5)
12 Unusually large (7)
13 One who rides horses (6)
15 Consider to be true (6)
17 Roars (7)
18 Tortilla topped with cheese (5)
20 Threshold (5)
21 Retreats (7)
22 Author (8)
23 Military force (4)

Down

1 50th anniversary of a major event (6,7)
2 Colossus (5)
4 Move with a bounding motion (6)
5 Firework display (12)
6 Cold-blooded vertebrate like a crocodile (7)
7 Affectedly (13)
8 Laudatory (12)
14 Upright pillars (7)
16 Takes the place of (6)
19 Type of tree (5)

PUZZLE 136

Across

1 Hold close (6)
4 Spread out awkwardly (6)
9 Sophisticated hair style (7)
10 Plant with starchy tuberous roots (7)
11 Petulant (5)
12 Not straight (of hair) (5)
14 Totally erases (5)
15 Spiritual nourishment (5)
17 Danger (5)
18 Reassess financial worth (7)
20 Central cell part (7)
21 Flood (6)
22 Upward slope (6)

Down

1 Subtle detail (6)
2 A division between people (8)
3 Tall and thin (5)
5 Astronomical units (7)
6 Extent of a surface (4)
7 Amount of money left in a will (6)
8 Inept (11)
13 Respite (8)
14 Lamenting loudly (7)
15 Ghoulish; unhealthy (6)
16 Enclosed recess (6)
17 Fills a suitcase (5)
19 Small bottle (4)

PUZZLE 137

Across

1 Gave out playing cards (5)
4 Additions to a document (7)
7 Pastime (5)
8 Absolute (8)
9 Crazy (5)
11 Responded (8)
15 Obvious (8)
17 Area sheltered from the sun (5)
19 Insect trap (8)
20 Fly around a planet (5)
21 Pretended (7)
22 Act of going in (5)

Down

1 Drug derived from foxgloves (9)
2 Used for storing fat (of body tissue) (7)
3 Instructed; taught (7)
4 Reach a destination (6)
5 Book of the Bible (6)
6 A sum owed (5)
10 24 hours ago (9)
12 Larval frog (7)
13 Most profound (7)
14 Border (6)
16 Wrenched (6)
18 Vast multitude (5)

PUZZLE 138

Across

1 Arrived (4)
3 Roughly rectangular (8)
9 A number defining position (7)
10 Type of large deer (5)
11 Medicinal ointment (5)
12 Squabbling (7)
13 Unfurl (6)
15 Trapped (6)
17 Walks laboriously (7)
18 Total disorder (5)
20 Noble gas (5)
21 Rude (7)
22 Money given generously (8)
23 Movement of water causing a small whirlpool (4)

Down

1 Dealing with different societies (5-8)
2 Scale representation (5)
4 Remove goods from a van (6)
5 Data about a population (12)
6 Loving deeply (7)
7 Vigorously (13)
8 Ability to acquire and apply knowledge (12)
14 More circular (7)
16 Important topics for debate (6)
19 Brilliant and clear (5)

PUZZLE 139

Across

1 Access illegally (4)
3 Agitated (8)
9 Dinner party; feast (7)
10 Exceed (5)
11 Street (12)
14 Part of a curve (3)
16 Cloak (5)
17 Female kangaroo (3)
18 Inadequately manned (12)
21 Small antelope (5)
22 Tuneful (7)
23 Ruler (8)
24 Lazy (4)

Down

1 Done constantly (8)
2 Major African river (5)
4 In good health (3)
5 Informally (12)
6 Taught (7)
7 Building covering (4)
8 Not special (3-2-3-4)
12 Biological taxonomic grouping (5)
13 Worrying problem (8)
15 Entrust a secret to another (7)
19 Grew fainter (5)
20 Game played on horseback (4)
22 Make imperfect (3)

PUZZLE 140

Across

1 Push back (5)
4 Father of a parent (7)
7 Assists in a crime (5)
8 Thawed (8)
9 Redden (5)
11 Made another excited about (8)
15 Drink consumed before bed (8)
17 Antelope (5)
19 Charm (8)
20 Opposite of lower (5)
21 Flowering shrubs (7)
22 Indoor game (5)

Down

1 Reject (9)
2 State freely (7)
3 Terse (7)
4 European country (6)
5 Take small bites out of (6)
6 Golf shots (5)
10 Joy (9)
12 Linked together (7)
13 Run hastily (7)
14 Imaginary (6)
16 Pictures (6)
18 Administrative capital of Bolivia (2,3)

PUZZLE 141

Across

1 Companionable (6)
4 Good luck charm (6)
9 Oval shape (7)
10 Destructive (7)
11 Not clearly stated (5)
12 Female relatives (5)
14 Waggish (5)
15 With speed (5)
17 Damage the reputation of (5)
18 Colonnade (7)
20 Usefulness (7)
21 Recently (6)
22 Experienced adviser (6)

Down

1 Garment part that covers an arm (6)
2 A Roman emperor (8)
3 Plentiful (5)
5 e.g. the Phantom of the Opera (7)
6 Crazy (informal) (4)
7 Has confidence in (6)
8 Overly polite (11)
13 Person who writes books (8)
14 Claimed (anag.) (7)
15 Be attractive (6)
16 Request made to God (6)
17 Strike firmly (5)
19 A flat float (4)

PUZZLE 142

Across

1 Relax and do little (4)
3 Figure of speech (8)
9 Simple sugar (7)
10 Deserves (5)
11 Strengthen; confirm (12)
14 Tree (3)
16 Garden tool for cutting grass (5)
17 Mountain pass (3)
18 Clarity (12)
21 Paved courtyard (5)
22 Farewell remark (7)
23 Enormous extinct creature (8)
24 Nocturnal birds of prey (4)

Down

1 Official list of names (8)
2 Small firework (5)
4 Female sheep (3)
5 Improvement in a condition (12)
6 Nonconformist (7)
7 Rough or harsh sound (4)
8 Scornful (12)
12 Certain to end in failure (2-3)
13 Groups of similar things (8)
15 Make damp (7)
19 Arm joint (5)
20 Familiar name for a potato (4)
22 Large dark antelope (3)

PUZZLE 143

Across

1 Lacking confidence (8)
5 Hearing organs (4)
8 Strikes with the foot (5)
9 Japanese warrior (7)
10 Brought forth (7)
12 Constantly present (7)
14 Zeppelin (7)
16 Irritated (7)
18 Item used by asthma sufferers (7)
19 Brown earth pigment (5)
20 Ripped (4)
21 Gather together (8)

Down

1 Writing fluids (4)
2 Unit of time (6)
3 Usual (9)
4 Simple; unrefined (6)
6 Continent (6)
7 Superficial (4-4)
11 Infamy; notoriety (9)
12 Daydreamer (8)
13 Part of a stamen (6)
14 Loves dearly (6)
15 Confused noise (6)
17 Impel; spur on (4)

PUZZLE 144

Across

1 Peculiarity (11)
9 Cathedral (5)
10 Trap; ensnare (3)
11 Flower part; pales (anag.) (5)
12 Name of a book (5)
13 Fence of stakes (8)
16 Completes a race (8)
18 Plummeted (5)
21 Variety of coffee (5)
22 Toothed wheel (3)
23 Place where something happens (5)
24 Persistent harassment (11)

Down

2 Clumsily (7)
3 Atheistic (7)
4 Viewed; saw (6)
5 Settle for sleep (of birds) (5)
6 Taut (5)
7 Make in bulk (4-7)
8 Needless (11)
14 Dyestuff (7)
15 The Windy City (7)
17 Humorously sarcastic (6)
19 The prevailing fashion (5)
20 Birds that are a symbol of peace (5)

PUZZLE 145

Across

1 Repast (4)
3 Away from land (8)
9 Smiled broadly (7)
10 Gleam; glitter (5)
11 Faint (5)
12 Not as quiet (7)
13 Calls to mind (6)
15 Spanish festival (6)
17 In the place of (7)
18 Negative ion (5)
20 Lawful (5)
21 Isolate (7)
22 Giving way under pressure (8)
23 Immediately following (4)

Down

1 Dictatorially (13)
2 Friend (Spanish) (5)
4 Growing dimmer (6)
5 Importance (12)
6 Starting points (7)
7 Amusement (13)
8 Indifferent (12)
14 Small bone (7)
16 More likely than not (4-2)
19 Accustom (5)

PUZZLE 146

Across

1 A tiny portion of matter (8)
5 Marries (4)
8 Start of something (5)
9 One of four equal parts (7)
10 Stupid (7)
12 Surrendered (7)
14 Not thorough (7)
16 Flower arrangement (7)
18 e.g. anger or love (7)
19 Deprive of weapons (5)
20 Skirt worn by ballerinas (4)
21 Always in a similar role (8)

Down

1 Walk with heavy steps (4)
2 Leaser (anag.) (6)
3 Trespassing (9)
4 Neither gas nor solid (6)
6 Large property with land; holding (6)
7 Rigidly; sternly (8)
11 Pause between acts of a play (9)
12 Least old (8)
13 Classify (6)
14 Capital of New South Wales (6)
15 Stout-bodied insect (6)
17 Leave out (4)

PUZZLE 147

Across

1 Part of a candle (4)
3 Official orders (8)
9 Alphabetical lists (7)
10 Worthiness (5)
11 Renditions (12)
13 Repeat from memory (6)
15 Flashing light (6)
17 Sensory system used by dolphins (12)
20 Minute pore in a leaf (5)
21 Crash together (7)
22 Small-scale musical drama (8)
23 Mischievous sprites (4)

Down

1 Speaks very quietly (8)
2 Programmer (5)
4 Take as being true (6)
5 Clearly evident (12)
6 Submarine weapon (7)
7 Hardens (4)
8 Exorbitant (12)
12 Enthusiasm (8)
14 Tornado (7)
16 Small North American lynx (6)
18 Form of expression (5)
19 Capital of Norway (4)

PUZZLE 148

Across

1 Throb (4)
3 Opposition to war (8)
9 Oceanic birds (7)
10 Believer in a supreme being (5)
11 Sea duck (5)
12 Separated; remote (7)
13 Sufficient (6)
15 Afternoon sleep (6)
17 Rescued (anag.) (7)
18 Breed of dog (5)
20 Monster (5)
21 Unlawful (7)
22 Sanctions (8)
23 Long poem (4)

Down

1 Capable of being understood (13)
2 Despised (5)
4 Descend down a rock face (6)
5 Dimly; not clearly (12)
6 Frozen water spears (7)
7 Desiring worldly possessions (13)
8 Cooling device in the kitchen (12)
14 Land with fruit trees (7)
16 Suggestion (6)
19 Repeat something once more (5)

PUZZLE 149

Across

1 All (5)
4 Pushed over (7)
7 Engages in a game (5)
8 Makes bigger (8)
9 Severe (5)
11 Person implementing a will (8)
15 Able to adjust (8)
17 Restraint for an animal (5)
19 Littlest (8)
20 Transport by hand (5)
21 Flight attendant (7)
22 Harsh and serious in manner (5)

Down

1 Transitory (9)
2 Changed gradually over time (7)
3 Chemical element (7)
4 Dinner jacket (6)
5 Royal house (6)
6 Cairo is in this country (5)
10 Amuse (9)
12 Is relevant (7)
13 Illness (7)
14 Cowers (anag.) (6)
16 Got rid of (6)
18 Praise highly (5)

PUZZLE 150

Across

1 Collide with (4)
3 Irresponsible (8)
9 Continuing (7)
10 Acquire knowledge of (5)
11 Large period of time (3)
12 Turn inside out (5)
13 Pointed weapon (5)
15 Incision; indent (5)
17 Not together (5)
18 Our star (3)
19 Spoken for (5)
20 Perennial herb (7)
21 Made less bright (8)
22 Units of electrical resistance (4)

Down

1 Overwhelmed with sorrow (6-7)
2 Hot rock (5)
4 Machine that produces motion (6)
5 Orcas (6,6)
6 These remove pencil marks (7)
7 Holier-than-thou (13)
8 Jail term without end (4,8)
14 Device that records the movements of someone (7)
16 Royal chair (6)
18 Make a long narrow gash (5)

PUZZLE 151

Across

1 Falls back (4)
3 Sews (8)
9 Fruitful; inventive (7)
10 Leans (5)
11 Pay tribute to another (12)
13 Fastening devices (6)
15 Ideally perfect state (6)
17 Dreamy; odd and unfamiliar (12)
20 Diving waterbird (5)
21 Hair-cleansing product (7)
22 Least lengthy (8)
23 Saw; observed (4)

Down

1 Measure of effectiveness (8)
2 Element with atomic number 5 (5)
4 Special rewards (6)
5 Dictatorial (12)
6 Summit (7)
7 Cloth worn around the waist (4)
8 Give a false account of (12)
12 Infancy (8)
14 Design style of the 1920s and 1930s (3,4)
16 Distorts (6)
18 Idiotic (5)
19 Grows old (4)

PUZZLE 152

Across

1 Strong cloth used to make sails (6)
7 Vertical flues (8)
8 Trouble in body or mind (3)
9 Sear (6)
10 Very small quantity (4)
11 Compact (5)
13 Awe-inspiring (7)
15 Symbols of disgrace (7)
17 Minor road (5)
21 Plant yield (4)
22 US rapper (6)
23 Farewell remark (3)
24 Slower than sound (8)
25 Interruption or gap (6)

Down

1 Stopped (6)
2 Wrestling hold (6)
3 Written form of music (5)
4 Lacking; not having (7)
5 Difficult to move because of its size (8)
6 A complex whole (6)
12 Roadside board showing directions (8)
14 Hot pepper (7)
16 Arrive (4,2)
18 Burrowing marsupial (6)
19 Songlike cries (6)
20 Trench (5)

PUZZLE 153

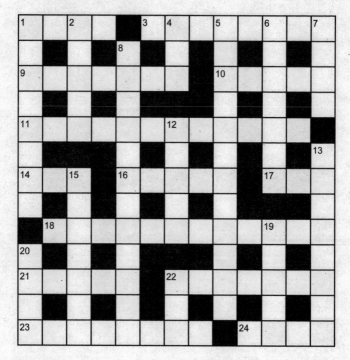

Across

1 Recess (4)
3 Coupons (8)
9 Continue with (7)
10 Ski run (5)
11 Prediction or expectation (12)
14 Violate a law of God (3)
16 A central point (5)
17 Soft animal hair (3)
18 Coming from outside (12)
21 Behave amorously (5)
22 Unit of sound in a language (7)
23 Lack of flexibility (8)
24 Intertwined segment of rope (4)

Down

1 Hand clapping (8)
2 Small marine fish (5)
4 Cereal grain (3)
5 Surrender (12)
6 Become less intense (4,3)
7 Appear to be (4)
8 Unplugged (12)
12 Crucial person or point; axis (5)
13 Search for minerals (8)
15 Prodding with the elbow (7)
19 Body of water (5)
20 From a distance (4)
22 Cooking utensil (3)

PUZZLE 154

Across

1 Cyan tail (anag.) (8)
5 Four-wheeled vehicles (4)
8 Dramatic musical work (5)
9 Turns upside down (7)
10 An oral communication (7)
12 Dictators (7)
14 Not varying (7)
16 Line of rulers (7)
18 Necessary (7)
19 Not telling the truth (5)
20 Government tax (4)
21 Reading carefully (8)

Down

1 Basic unit of matter (4)
2 Representatives (6)
3 Annuals (9)
4 Phrases that are not taken literally (6)
6 Antenna (6)
7 Anxious uncertainty (8)
11 Had difficulty with (9)
12 Made (a noise) less intense (8)
13 Straightened (6)
14 Small hole (6)
15 Swimming costume (6)
17 Highly excited (4)

PUZZLE 155

Across

1 Country in Central America (6)
7 How a crab moves (8)
8 Nevertheless (3)
9 An instant in time (6)
10 Metal fastener (4)
11 Contrapuntal composition (5)
13 Large rock (7)
15 Cries for (7)
17 Select; choose (5)
21 Guided journey (4)
22 Afloat (6)
23 Opposite of high (3)
24 Tree parts (8)
25 Doorway (6)

Down

1 Bribe (6)
2 Spice (6)
3 Cinders (5)
4 Version of a book (7)
5 Lessened (8)
6 Piece of text that names the writer of an article (6)
12 Infallible (8)
14 Person on the staff of an ambassador (7)
16 On a ship or train (6)
18 Vent (6)
19 Gardening tool (6)
20 Understand (5)

PUZZLE 156

Across

1 Expert in law (6)
4 Lessens (6)
9 Occidental (7)
10 Impassive (7)
11 Enumerates (5)
12 Views; observes (5)
14 Hurried (5)
15 Country in South East Asia (5)
17 Evil spirit (5)
18 Widen (7)
20 Brings into action (7)
21 Wanders off; drifts (6)
22 Fashions (6)

Down

1 Precious stones (6)
2 Electrical component (8)
3 Oozes (5)
5 Without hope; starkly (7)
6 Journey (4)
7 Exhausts (6)
8 Comprehends (11)
13 Common salad dressing (5,3)
14 Conveniently (7)
15 Very young children (6)
16 Strong gusts of wind (6)
17 Storage place (5)
19 Finished; complete (4)

PUZZLE 157

Across
1 Skin irritation (4)
3 With undiminished force (8)
9 Warship (7)
10 Indian garments (5)
11 Ignite (5)
12 Listless (7)
13 Money received (6)
15 Respiratory condition (6)
17 Visual symbolism (7)
18 Smallest quantity (5)
20 Cake decoration (5)
21 Vague understanding; hint (7)
22 Christmas season (8)
23 Not new (4)

Down
1 State of being unable to err (13)
2 Hold on to tightly (5)
4 Sewing instrument (6)
5 Having an efficient approach to one's work (12)
6 From beginning to end (7)
7 Deprived (13)
8 Boxing class (12)
14 Pertaining to the skull (7)
16 Indefinitely large number (6)
19 Assumed name (5)

PUZZLE 158

Across

1 Capital of Austria (6)
7 Take over the role of (8)
8 Sound of a dove (3)
9 Gaseous envelope of the sun (6)
10 Deliberately taunt (4)
11 Thin fogs (5)
13 Flatter (7)
15 Last longer than (a rival) (7)
17 Neatens (5)
21 Fit of shivering (4)
22 Very enthusiastic (6)
23 Make a choice (3)
24 Unstrap (8)
25 Brandy distilled from cherries (6)

Down

1 Person subject to an attack (6)
2 Periods of history (6)
3 Goodbye (Spanish) (5)
4 e.g. Iceland and Borneo (7)
5 Spherical (8)
6 Metamorphic rock (6)
12 Refined (8)
14 Powdered spice (7)
16 Imperative (6)
18 Blocks of metal (6)
19 Sew (6)
20 e.g. from Athens (5)

PUZZLE 159

Across

1 Large loose hood (4)
3 State of the USA (8)
9 Tell a story (7)
10 Theme for a discussion (5)
11 Pulsate (5)
12 See (7)
13 Unfastens (6)
15 Capital of the Bahamas (6)
17 Wavering effect in a musical tone (7)
18 Trunk of the body (5)
20 Leers (5)
21 Short trips to perform tasks (7)
22 Female students' society (8)
23 Catch sight of (4)

Down

1 Buildings (13)
2 Electrician (5)
4 Refrigerator compartment (6)
5 Adequate (12)
6 Tennis officials (7)
7 In a disbelieving manner (13)
8 Troublemaker (6-6)
14 Inhabitant (7)
16 Persuasive and logical (6)
19 Tarns (anag.) (5)

PUZZLE 160

Across

1 Associate (4)
3 Extreme audacity (8)
9 A deified mortal (7)
10 Individual things (5)
11 Heart specialist (12)
14 Unit of energy (3)
16 Complete; absolute (5)
17 Small spot (3)
18 Chatter (6-6)
21 Escapade (5)
22 Clever but false argument (7)
23 Fragrant (8)
24 Listen to (4)

Down

1 Physiologically dependent (8)
2 Arboreal primate (5)
4 Did possess (3)
5 Reckless; ready to react violently (7-5)
6 Content (7)
7 Sound of a snake (4)
8 Relating to farming (12)
12 Machine for shaping wood or metal (5)
13 Pennant (8)
15 Held tightly (7)
19 Garbage or drivel (5)
20 Mark left from a wound (4)
22 Male offspring (3)

PUZZLE 161

Across

1 Domestic cattle (4)
3 Having pH greater than 7 (8)
9 Tensing (anag.) (7)
10 Last Greek letter (5)
11 Our planet (5)
12 Significance (7)
13 Three times (6)
15 Close-fitting necklace (6)
17 Sly (7)
18 Cook meat in the oven (5)
20 Period of time in history (5)
21 Against (7)
22 Unmarried woman (8)
23 Jealousy (4)

Down

1 Satisfaction (13)
2 Smarter (5)
4 Bean (6)
5 Therapeutic use of plant extracts (12)
6 Tool that is useful for the Arctic (3,4)
7 In an inflated manner (13)
8 Garments worn in bed (12)
14 Pasta pockets (7)
16 On land (6)
19 Crime of setting something on fire (5)

PUZZLE 162

Across

1 Turn down (6)
4 Entertains (6)
9 Mythical bird (7)
10 Flexible (7)
11 Name applied to something (5)
12 Stares with the mouth wide open (5)
14 Clutches tightly (5)
15 Discourage (5)
17 Embarrass (5)
18 Pertaining to plants (7)
20 Involve in conflict (7)
21 Walk nonchalantly (6)
22 Effect; force (6)

Down

1 Small wave (6)
2 Intimidate (8)
3 Ultimate (5)
5 Thoughts (7)
6 Remnant (4)
7 Guides (6)
8 Knowledgeable and accomplished (11)
13 Baseless distrust of others (8)
14 Kind of breakfast cereal (7)
15 First appearances (6)
16 Wooden house (6)
17 Collection of songs (5)
19 Knocks lightly (4)

PUZZLE 163

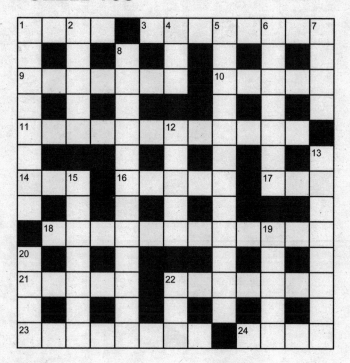

Across

1 Sculpture of the upper body (4)
3 Destined to fail (3-5)
9 Pay homage to (7)
10 Spring flower (5)
11 Dictatorial (12)
14 Mischievous sprite (3)
16 Coin entry points in machines (5)
17 By way of (3)
18 Smooth and easy progress (5,7)
21 Heavy noble gas (5)
22 Decipher (7)
23 Parroted (anag.) (8)
24 Smudge (4)

Down

1 A large spar (8)
2 Tennis stroke (5)
4 One circuit of a track (3)
5 Principal face of a building (12)
6 Large Israeli city (3,4)
7 Delude (4)
8 Insensitive to criticism (5-7)
12 Golf clubs (5)
13 Mirth (8)
15 Cornmeal (7)
19 Extremely happy period (5)
20 Opposite of an entrance (4)
22 Pair of performers (3)

PUZZLE 164

Across

1 Ship's complement (4)
3 General propositions (8)
9 Affairs (7)
10 Rascal (5)
11 Rub out (5)
12 Imaginary line around the earth (7)
13 Zone (6)
15 Package (6)
17 Permit entry again (7)
18 Capital of Japan (5)
20 Relay device (5)
21 Hears (7)
22 Releasing from a duty (8)
23 Fill or satiate (4)

Down

1 Measurable by a common standard (13)
2 Additional (5)
4 Move or travel hurriedly (6)
5 Obfuscation (12)
6 Flexible (7)
7 In a manner that exceeds what is necessary (13)
8 Changes to a situation (12)
14 Extremely disordered (7)
16 Solent (anag.) (6)
19 Ring solemnly (5)

PUZZLE 165

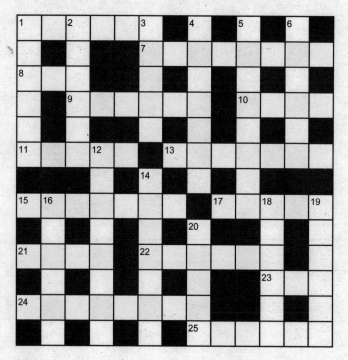

Across

1 Type of palm tree (6)
7 Tripped (8)
8 State of armed conflict (3)
9 Cosmetics (4-2)
10 Ask questions (4)
11 Challenges (5)
13 Decorative patterns (7)
15 Receptacle for cigarette residue (7)
17 Thick sweet liquid (5)
21 Endure; animal (4)
22 Imagined whilst asleep (6)
23 Exclamation of contempt (3)
24 Assign (8)
25 Make unhappy (6)

Down

1 Recompense for hardship (6)
2 Agriculturalist (6)
3 Trembling poplar (5)
4 Young dogs (7)
5 Omnipresence (8)
6 Insole (anag.) (6)
12 Coming from outside (8)
14 Pertaining to the heart (7)
16 Decorous; proper (6)
18 Decayed (6)
19 Positively charged atomic particle (6)
20 Annoys (5)

PUZZLE 166

Across

1 Leaves out (5)
4 Chatter (7)
7 Oneness (5)
8 Open to suggestion (8)
9 Brag (5)
11 Deluge (8)
15 Ability to act as one wishes (4,4)
17 Catch; lure (5)
19 Type of pasta (8)
20 Attach (5)
21 Complex wholes (7)
22 Pass a rope through (5)

Down

1 Junctures; events (9)
2 Momentum (7)
3 Drives aground (a boat) (7)
4 Small projectile (6)
5 Type of muscle (6)
6 Stringed instruments (5)
10 Part added to the end of a story (9)
12 Arguer (7)
13 Retaliatory action (7)
14 Painter (6)
16 Responds to (6)
18 Attractively stylish (5)

PUZZLE 167

Across

1 Undefeated (8)
5 Group of countries in an alliance (4)
8 A number between an eighth and a tenth (5)
9 Musical performance (7)
10 Wealthy businesspeople (7)
12 Lenses in a frame that correct eyesight (7)
14 Object used in the kitchen (7)
16 Semiconducting element (7)
18 Prophets (7)
19 e.g. an Oscar or Grammy (5)
20 Feeling of strong eagerness (4)
21 Outlines in detail (8)

Down

1 Bone of the forearm (4)
2 Yellow fruit (6)
3 Godless (9)
4 Wading birds (6)
6 Cosmetic cream (6)
7 Gigantic (8)
11 Make a howling noise (9)
12 Jewel (8)
13 Mammal related to the llama (6)
14 For men and women (of clothing) (6)
15 Sightseeing trip in Africa (6)
17 Sums together (4)

PUZZLE 168

Across

1 Speed relative to sound (4)
3 An engraved design (8)
9 Reduced in value (7)
10 State of the USA (5)
11 Disturbance; act of meddling (12)
13 Wishing for (6)
15 Not written in any key (of music) (6)
17 Insistently (12)
20 Topic (anag.) (5)
21 Round building (7)
22 Took pleasure freely (8)
23 Stream or small river (4)

Down

1 00:00 on a 24-hour clock (8)
2 Ancient measure of length (5)
4 Indicated assent (6)
5 Quality of being genuine (12)
6 Vocabulary list (7)
7 Expel; drive out (4)
8 Extremely large (12)
12 Listen to again (4,4)
14 Planned (7)
16 Deprive of food (6)
18 Sudden movement (5)
19 Mischievous god in Norse mythology (4)

PUZZLE 169

Across

1 Garment for the foot (4)
3 Furry nocturnal mammals (8)
9 Captain's record (7)
10 Carer (anag.) (5)
11 Ruinously (12)
14 Fish appendage (3)
16 Very informal phrases (5)
17 Female pronoun (3)
18 Designed to distract (12)
21 Concerning (5)
22 Render legally void (7)
23 Improving the mind;
   enlightening (8)
24 Geek (4)

Down

1 Become firm (8)
2 Animal enclosures (5)
4 Seabird (3)
5 Brusque and surly (12)
6 Conceals something from
   view (7)
7 Free from doubt (4)
8 Constantly; always (12)
12 Large quantities of paper (5)
13 Naive or sentimental (4-4)
15 Capital of Kenya (7)
19 Nimble (5)
20 Talk wildly; dance party (4)
22 Religious sister (3)

PUZZLE 170

Across

1 Grandiosity of language (8)
5 Statistics and facts (4)
8 Egg-shaped (5)
9 Tuft of grass (7)
10 Worry (7)
12 Mild (of weather) (7)
14 Enslave (anag.) (7)
16 Upstart; one who has recently gained wealth (7)
18 Give in to temptation (7)
19 Crunch; wear down (5)
20 Shallow food container (4)
21 Three-sided figure (8)

Down

1 Underground plant part (4)
2 Pass (of time) (6)
3 Compliance (9)
4 Whole (6)
6 Worshipper (6)
7 State of the USA (8)
11 Country in Central America (9)
12 Serene and assured (8)
13 Crevices (6)
14 Move slowly and awkwardly (6)
15 Finishing (6)
17 Corner (4)

PUZZLE 171

Across

1 Couple (4)
3 Loss of hearing (8)
9 Therein (anag.) (7)
10 Dry red wine (5)
11 Microscopic fungus (5)
12 Poison (7)
13 Call into question (6)
15 Stick to (6)
17 Short musical composition (7)
18 Wishes for (5)
20 Nationality of Oscar Wilde (5)
21 Final stage of a process (7)
22 Unselfish (8)
23 Employs (4)

Down

1 Miserly (5-8)
2 Balearic island (5)
4 Make better (6)
5 Preservative chemical (12)
6 Passionate (7)
7 Brazenness (13)
8 Cameraman (12)
14 Retirement income (7)
16 Rich cake (6)
19 Summits (5)

PUZZLE 172

Across

1 Rides a bike (6)
7 Enumerating (8)
8 Sound that a cow makes (3)
9 Substance made by flowers (6)
10 Spaces or intervals (4)
11 Herb (5)
13 Elevate (7)
15 Catches fire (7)
17 Ridge (5)
21 Opposite of worst (4)
22 Stitching (6)
23 Stomach (3)
24 Flight of steps (8)
25 Frightened (6)

Down

1 Dedicate (6)
2 Rough (of water) (6)
3 Climb (5)
4 Root vegetables (7)
5 Stop progressing (8)
6 Wading birds (6)
12 Preserve (8)
14 Moves up and down repeatedly (7)
16 Welcomes (6)
18 Miner (6)
19 Left (6)
20 Rocks back and forth (5)

PUZZLE 173

Across

1 Enter a country by force (6)
4 Strikes firmly (6)
9 Prescription (7)
10 Motorcycle attachment (7)
11 Cuts slightly (5)
12 Not in good physical condition (5)
14 Coral reef (5)
15 Regal (5)
17 Drinking tube (5)
18 Shoulder blade (7)
20 Fugitive (7)
21 Failing to win (6)
22 Ranked based on merit (6)

Down

1 Child (6)
2 Truthfulness (8)
3 Percussion instruments (5)
5 Attentive; conscious of (7)
6 Mineral powder (4)
7 Kept private; unknown by others (6)
8 Advance quickly (4-7)
13 Wrinkled; creased (8)
14 Egg white (7)
15 Scoundrel (6)
16 Moved back and forth (6)
17 Acoustic detection system (5)
19 Money given to the poor (4)

PUZZLE 174

Across

1 Disliking intensely (6)
7 Pear-shaped fruits native to Mexico (8)
8 Argument (3)
9 Anew (6)
10 Opposite of thick (4)
11 Showered with love (5)
13 Ancient war galley (7)
15 Personal possession (7)
17 Domestic cat (5)
21 Overabundance (4)
22 Flattened out (6)
23 Cohere (3)
24 Gets given (8)
25 Deletes (6)

Down

1 Abominable (6)
2 Oppose a plan successfully (6)
3 Mallet (5)
4 Warning device for ships (7)
5 Microorganisms (8)
6 Lectern (6)
12 Gives a right to (8)
14 Keep for future use (7)
16 Divides in two (6)
18 Forms of identification (6)
19 Surrenders (6)
20 Make fun of someone (5)

PUZZLE 175

Across

1 Strong and healthy (4)
3 Fluent in the use of language (8)
9 European country (7)
10 Messenger (5)
11 Shape of something (12)
14 Hog (3)
16 Wireless (5)
17 Conciliatory gift (3)
18 Graphical (12)
21 Ascend (5)
22 Kind of abbreviation (7)
23 Disregards (8)
24 At what time (4)

Down

1 Paper printout of data (4,4)
2 SI unit of luminous flux (5)
4 Piece of pasture (3)
5 The ? symbol (8,4)
6 Feeling jealous (7)
7 Playthings (4)
8 Incurably bad (12)
12 e.g. newspapers and TV (5)
13 Sample for medical testing (8)
15 Acquiring (7)
19 Freshwater food fish (5)
20 Examine quickly (4)
22 Division of a play (3)

PUZZLE 176

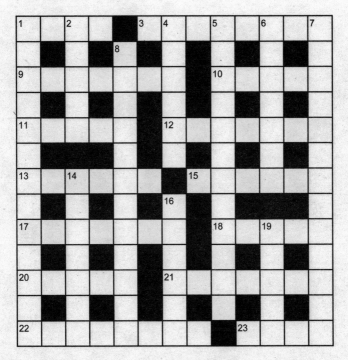

Across

1 Caribbean country (4)
3 Person not accepted by society (8)
9 Think deeply about (7)
10 Broom made of twigs (5)
11 Period of darkness (5)
12 Earthquake scale (7)
13 Legitimate (6)
15 Easy to understand (6)
17 Stringed instruments (7)
18 Curt (5)
20 Thin pancake (5)
21 Lines of equal pressure on maps (7)
22 Intelligentsia (8)
23 Prestigious TV award (4)

Down

1 Arranged in temporal order (13)
2 Confuse or obscure (5)
4 Improvement (6)
5 Advance payment (12)
6 Type of computer (7)
7 Pitilessly (13)
8 The proprietor of an eating establishment (12)
14 Palest (7)
16 Lightweight garment (1-5)
19 Kingdom (5)

PUZZLE 177

Across

1 Passageway (8)
5 Unit of land area (4)
8 Nairobi is the capital here (5)
9 Civil action brought to court (7)
10 Newsworthy (7)
12 Shoving (7)
14 Person with auburn hair (7)
16 Type of diving (4,3)
18 Type of natural disaster (7)
19 Killer whales (5)
20 Garden implement (4)
21 Examines in detail (8)

Down

1 Skua (anag.) (4)
2 Passenger ships (6)
3 Young racehorses (9)
4 In poor health (6)
6 Tiny bits of bread (6)
7 Admired and respected (8)
11 Fruiting body of a fungus (9)
12 Animal that hunts (8)
13 Expose as being false (6)
14 Share out food sparingly (6)
15 Expels (6)
17 Small vipers (4)

PUZZLE 178

Across

1 Church service (4)
3 Point of contact; masonry support (8)
9 Rendered senseless (7)
10 Looked at open-mouthed (5)
11 Insuring (12)
14 Put a question to (3)
16 Sound (5)
17 Sorrowful (3)
18 Untimely (12)
21 Consent to (5)
22 Vital content (7)
23 Interview for an acting role (8)
24 Cuts the grass (4)

Down

1 Brawny (8)
2 Players who form a team (5)
4 Item of furniture one sleeps on (3)
5 Fellowship (12)
6 Swells (7)
7 Periodic movement of the sea (4)
8 Action of breaking a law (12)
12 Train tracks (5)
13 Laziness (8)
15 Alike (7)
19 Stringed instrument (5)
20 Sparkling wine (4)
22 Sense of self-esteem (3)

PUZZLE 179

Across

1 Happens (6)
7 Looked at in detail (8)
8 Loud noise (3)
9 Dogs (6)
10 Comes together; coheres (4)
11 Late (5)
13 State of lawlessness (7)
15 Random criticism (7)
17 Computer memory units (5)
21 Capital of Peru (4)
22 Harbinger of spring (6)
23 Seed of an apple (3)
24 Pertaining to the arts (8)
25 Positioned (6)

Down

1 Strangest (6)
2 Agree (6)
3 Grasslike marsh plant (5)
4 Elapsing (7)
5 Warily (8)
6 Affluence (6)
12 Mild aversion (8)
14 Snack food (7)
16 Repulsive (6)
18 Line of latitude (6)
19 Inclined (6)
20 Skin on top of the head (5)

PUZZLE 180

Across

1 Part of a pedestal (4)
3 Came into possession of (8)
9 Official pardon (7)
10 Seethed with anger (5)
11 Excessive stress (12)
14 Gone by (of time) (3)
16 Speed music is played at (5)
17 Fruit of a rose (3)
18 Second part of the Bible (3,9)
21 Shout of appreciation (5)
22 Unsurpassed (3-4)
23 Beat easily (8)
24 Individual article or unit (4)

Down

1 Line joining corners of a square (8)
2 Move to music (5)
4 Weep (3)
5 Not guided by good sense (12)
6 Mischievous (7)
7 Extinct bird (4)
8 Intended to attract notice (12)
12 Large American felines (5)
13 Against the current (8)
15 Alfresco (4-3)
19 Be alive; be real (5)
20 Tuba (anag.) (4)
22 Imitate (3)

PUZZLE 181

Across

1 Seethe (4)
3 Conclusive examination (4,4)
9 Existing solely in name (7)
10 South American animal (5)
11 Relating to sound (5)
12 Repeats from memory (7)
13 Capturing (6)
15 Sporting venues (6)
17 Set of facts around an event (7)
18 Strain (5)
20 Type of coffee drink (5)
21 Mountain in the Himalayas (7)
22 Boating (8)
23 Remain in the same place (4)

Down

1 Tremendously (13)
2 Conveyed by gestures (5)
4 Plant with edible stalks (6)
5 Food shop (12)
6 Praised highly (7)
7 Party lanterns (anag.) (13)
8 Formal notice (12)
14 Relating to motion (7)
16 Scattered about untidily (6)
19 Apply pressure (5)

PUZZLE 182

Across

1 Female horse (4)
3 Foretells (8)
9 Bizarre (7)
10 Scheme intended to deceive (3-2)
11 Terrified or extremely shocked (6-6)
13 Pieces of writing (6)
15 Seem (6)
17 Feeling let down (12)
20 Capital of Vietnam (5)
21 Small fast ship (7)
22 Supervisor (8)
23 Fail to speak clearly (4)

Down

1 Devilry (8)
2 Less common (5)
4 Enjoy greatly (6)
5 Detailed reports (12)
6 Outer layer of a hair (7)
7 Drains of energy (4)
8 Study of the properties of moving air (12)
12 Person or company owed money (8)
14 e.g. biology (7)
16 Point in an orbit furthest from earth (6)
18 Mythical monster (5)
19 Drive away (4)

PUZZLE 183

Across

1 Applies friction to (4)
3 Soft leather shoe (8)
9 Saying (7)
10 Conventions (5)
11 State of being in disrepair (12)
14 Hill (3)
16 Crave; desire (5)
17 Ease into a chair (3)
18 Unpleasant (12)
21 Question intensely (5)
22 Apparatus (7)
23 Living in (8)
24 Comedy sketch (4)

Down

1 Swiftness (8)
2 Become very hot (5)
4 Sphere or globe (3)
5 Body of voters in a specified region (12)
6 Homilies (7)
7 Home for a bird (4)
8 Wearing glasses (12)
12 Person who goes underwater (5)
13 Most precipitous (8)
15 Dried grapes (7)
19 Clay block (5)
20 Jelly or culture medium (4)
22 Adult males (3)

PUZZLE 184

Across

1 Drinking vessels (4)
3 Giant ocean waves (8)
9 Harmonious relationship (7)
10 Juicy fruit (5)
11 Discard (5)
12 Shining (7)
13 Chat (6)
15 Contemporary (6)
17 Small villages (7)
18 Musical instrument with keys (5)
20 Join together as one (5)
21 Goes back on a promise (7)
22 The priesthood (8)
23 Tax (4)

Down

1 Plant with bright flowers (13)
2 A written document (5)
4 Parody (6)
5 Practice of mentioning famous people one knows (4-8)
6 Artificial (3-4)
7 Impulsively (13)
8 Entirety (12)
14 Type of monkey (7)
16 Loan shark (6)
19 Debate in a heated manner (5)

PUZZLE 185

Across

1 Careful (8)
5 Sullen (4)
8 Earlier (5)
9 Edible parts of nuts (7)
10 Apprehensive (7)
12 Married man (7)
14 Injured (7)
16 Separator (7)
18 Slanted characters (7)
19 This date (5)
20 Not odd (4)
21 Keep at a distance (8)

Down

1 Manage (4)
2 Gets together (6)
3 Vexed (9)
4 Mean (6)
6 State of the USA (6)
7 Held out against (8)
11 Body that supervises an industry (9)
12 Appear as the star of the show (8)
13 Fly an aircraft (6)
14 Arm joints (6)
15 Deprive of force; stifle (6)
17 Computer memory unit (4)

PUZZLE 186

Across

1. Sensible and practical (4,2,5)
9. Shallow recess (5)
10. Small green vegetable (3)
11. Craftsman who uses stone (5)
12. Major artery (5)
13. Full development (8)
16. Climbed (8)
18. Studies a subject at university (5)
21. Less moist (5)
22. Quick sleep (3)
23. Large indefinite quantities (5)
24. Energetically (11)

Down

2. Compensates for (7)
3. Convent (7)
4. Supernatural (6)
5. Stadium (5)
6. Come to a point (5)
7. Recalling (11)
8. Comradeship (11)
14. Salt lake in the Jordan valley (4,3)
15. Commander in chief of a fleet (7)
17. Highly seasoned type of sausage (6)
19. Sufficiently (5)
20. Latin American dance (5)

PUZZLE 187

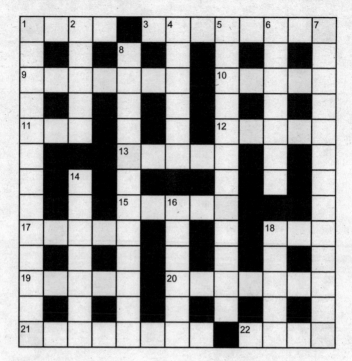

Across

1 Takes an exam (4)
3 Approximate (8)
9 Liquid metallic element (7)
10 Solid blow (5)
11 Feline (3)
12 Rule (5)
13 Youngsters aged 13 - 19 (5)
15 Indifferent to emotions (5)
17 Mayhem (5)
18 Compete (3)
19 Church instrument (5)
20 Give rise to (7)
21 Snakes (8)
22 Therefore (4)

Down

1 Partially awake (13)
2 Fortune-telling card (5)
4 Hinder the progress of (6)
5 Junction (12)
6 Funny (7)
7 Ebullience (13)
8 Most perfect example of a quality (12)
14 Very boastful person (7)
16 Yield (6)
18 Pledge (5)

PUZZLE 188

Across

1 Words that identify things (5)
4 Road or roofing material (7)
7 Very serious (5)
8 Full of interesting happenings (8)
9 Practice of lending money at high interest rates (5)
11 Assisting the memory (8)
15 Moved at a fast canter (8)
17 Sprites (5)
19 Most foolish (8)
20 Accumulate (5)
21 Upward slopes (7)
22 Type of bottle (5)

Down

1 At no time hereafter (9)
2 Spoke (7)
3 Subdivision (7)
4 Long-legged rodent (6)
5 Pester (6)
6 Revel (anag.) (5)
10 Criterion (9)
12 Blank page in a book (7)
13 Character in Hamlet (7)
14 Person to whom a lease is granted (6)
16 Comes up (6)
18 e.g. arms and legs (5)

PUZZLE 189

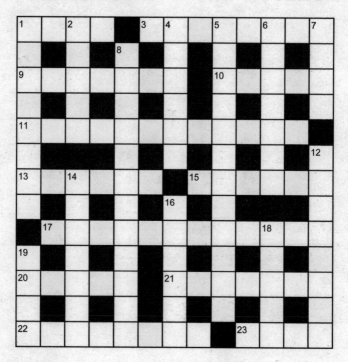

Across

1 Run quickly (4)
3 Absurd (8)
9 Husbands or wives (7)
10 Acer tree (5)
11 Coming between two things (12)
13 Put inside another object (6)
15 Accost; hold up (6)
17 Best starting placement in a motor race (4,8)
20 Behaved (5)
21 Large signs (7)
22 Moving at speed (8)
23 Trees of the genus Ulmus (4)

Down

1 Deject (8)
2 Recreational activity (5)
4 Reply (6)
5 Blends; mixtures (12)
6 Seat of the US Congress (7)
7 Welsh emblem (4)
8 Intuitively designed (of a system) (4-8)
12 Mesmerism (8)
14 Not as tall (7)
16 Cylinder holding thread (6)
18 Model; perfect (5)
19 Hasty or reckless (4)

PUZZLE 190

Across

1 Alludes to (6)
7 Made shiny; buffed up (8)
8 Interdict (3)
9 Medical treatment place (6)
10 Large deer (pl.) (4)
11 Danes (anag.) (5)
13 A person in general (7)
15 Underlying theme (7)
17 Used a computer keyboard (5)
21 Smile broadly (4)
22 Complainer (6)
23 Add together (3)
24 Holder of invention rights (8)
25 Be contingent upon (6)

Down

1 Precious red gems (6)
2 Unnatural and affected (6)
3 Used up (5)
4 Positioning (7)
5 Gathering (8)
6 Had a very strong smell (6)
12 Went along to an event (8)
14 Frees from an obligation (7)
16 Turmoil (6)
18 Chase (6)
19 Judged (6)
20 Ranked (5)

PUZZLE 191

Across

1 Lift something heavy (4)
3 Straw hat (8)
9 Clearly (7)
10 Edge of a knife (5)
11 Verse (5)
12 Cure-alls (7)
13 Style of popular music (6)
15 Country in Africa with capital Kampala (6)
17 Discarded; binned (7)
18 Confound (5)
20 A hidden storage space (5)
21 Throw into disorder (7)
22 Diminished (8)
23 Move rapidly (4)

Down

1 Excessively negative about (13)
2 Unreliable (5)
4 Gas we breathe (6)
5 List of books referred to (12)
6 High spirits (7)
7 Exaggeration (13)
8 Perform below expectation (12)
14 Sideways looks (7)
16 Request earnestly (6)
19 Declare invalid (5)

PUZZLE 192

Across

1 Where one finds Tehran (4)
3 Very large animal (8)
9 Temperature scale (7)
10 Distinguishing character (5)
11 Pen point (3)
12 Expel from a country (5)
13 Possessed (5)
15 Area of land (5)
17 Helmet part for protecting the face (5)
18 Belonging to him (3)
19 Pop a balloon (5)
20 Mediocre (7)
21 Overabundances (8)
22 Lyric poems (4)

Down

1 Unbelievable (13)
2 Speak in public without preparation (2-3)
4 Pay attention to what is said (6)
5 Planned in advance (12)
6 Belief that there is no God (7)
7 Blandness (13)
8 Type of cloud (12)
14 Of the stomach (7)
16 Region of France (6)
18 Detected a sound (5)

PUZZLE 193

Across

1 Tithes (anag.) (6)
7 Circumnavigating (8)
8 Mixture of gases we breathe (3)
9 Consented (6)
10 Time gone by (4)
11 Exit (5)
13 Relaxes (7)
15 Tentacled cephalopod (7)
17 Genuflect (5)
21 Small mouselike rodent (4)
22 Summon to serve in the armed forces (4-2)
23 Allow (3)
24 Green vegetable (8)
25 Legal practitioner (6)

Down

1 Go from one place to another (6)
2 Mistakes in printed matter (6)
3 Attempts (5)
4 Just beginning to show promise (7)
5 Take up of a practice (8)
6 In mint condition (6)
12 Aggressive use of force (8)
14 The exposure of bedrock (7)
16 Musical ensembles (6)
18 Give a job to (6)
19 Pillager (6)
20 Threshing tool (5)

PUZZLE 194

Across

1 Apex (4)
3 Assigns a job to (8)
9 Earthenware container (7)
10 Avoid (5)
11 Strong lightweight wood (5)
12 Annoying pain (7)
13 Being with organic and cybernetic parts (6)
15 Breed of hound (6)
17 Serious (7)
18 Walk heavily and firmly (5)
20 Angry (5)
21 Mundane (7)
22 Grow longer (8)
23 Part of the foot (4)

Down

1 Destroying microorganisms (13)
2 Ethical (5)
4 Adjust in advance of its use (6)
5 Excessive response (12)
6 Subtleties (7)
7 Lacking originality (13)
8 Conflict of opinion (12)
14 Something priced attractively (7)
16 Document fastener (6)
19 Humiliate (5)

PUZZLE 195

Across

1. Popular places (8)
5. Photographic material (4)
9. Capital of Egypt (5)
10. Direct competitor (5)
11. Overcrowding (10)
14. Scarcity (6)
15. Matures (of fruit) (6)
17. Deter (10)
20. Punctuation mark (5)
21. Egg-shaped solid (5)
22. Team (4)
23. Makes defamatory remarks (8)

Down

1. Knuckle of pork (4)
2. Slender woody shoot (4)
3. Commensurate (12)
4. Unspecified objects (6)
6. Financial statements (8)
7. Lack of intensity (8)
8. Scolding (8-4)
12. Manufactures (8)
13. Took for granted (8)
16. Relating to a wedding (6)
18. Cipher (4)
19. Chances of winning (4)

PUZZLE 196

Across

1 Witty remark (4)
3 Musical pieces for solo instruments (8)
9 Coolness (7)
10 Item of value (5)
11 Renown (5)
12 Learned person (7)
13 Bodyguard (6)
15 Photographic equipment (6)
17 Strong verbal attack (7)
18 One of the United Arab Emirates (5)
20 Broadcast again (5)
21 Fatty substance (7)
22 Kitchen sideboards (8)
23 True and actual (4)

Down

1 Irascible (5-8)
2 Epic poem ascribed to Homer (5)
4 Be preoccupied with (6)
5 Emergency touchdown (5-7)
6 Decide firmly (7)
7 Between countries (13)
8 Calculations of dimensions (12)
14 Unit of heat energy (7)
16 Having only magnitude (6)
19 Nonsense (5)

PUZZLE 197

Across

1 Impenetrable (11)
9 Looking tired (5)
10 Hearing organ (3)
11 Uncovered (5)
12 Stinging insects (5)
13 Answered sharply (8)
16 Relating to courts of law (8)
18 Lowest point (5)
21 Flowering plant (5)
22 Metal container; element (3)
23 Regard highly (5)
24 Rural scenery (11)

Down

2 Falsehood (7)
3 Items used for climbing up (7)
4 Half-conscious state (6)
5 Rejuvenate (5)
6 Removes the lid (5)
7 Lower in rank (11)
8 Highest class in society (11)
14 The sun and stars (poetic) (7)
15 Amaze (7)
17 Of the eye (6)
19 Wild dog of Australia (5)
20 Large crow (5)

PUZZLE 198

Across

1 Unravel (4)
3 Native of the United States (8)
9 Top prize (7)
10 Sequence (5)
11 Manner of writing (5)
12 Notable feat (7)
13 Hinder (6)
15 Fine cloth (6)
17 Intrusions (7)
18 Observed (5)
20 Hackneyed (5)
21 Fifth Greek letter (7)
22 Speed up (8)
23 Lies (anag.) (4)

Down

1 Indefensible (13)
2 Denounce (5)
4 Tangled (of hair) (6)
5 Person who receives office visitors (12)
6 Wax sticks used for drawing (7)
7 Absence (13)
8 Stretched out completely (12)
14 Root vegetable (7)
16 Characteristic (6)
19 Speaks (5)

PUZZLE 199

Across

1 Harsh (of a place) (11)
9 Borders (5)
10 Uncooked (of meat) (3)
11 Moneys owed (5)
12 Brushed clean (5)
13 Wine and soda water mix (8)
16 Not appropriate (8)
18 Stroll (5)
21 Faint southern constellation (5)
22 Negligent (3)
23 Bore into (5)
24 Having greatest importance (11)

Down

2 Very young infant (7)
3 State of being overweight (7)
4 Flock of geese (6)
5 Urns (5)
6 The Norwegian language (5)
7 Not wanted (11)
8 European country (11)
14 Citadel in Moscow (7)
15 Belief (7)
17 Average; moderate (6)
19 Fighter (5)
20 Finished (5)

PUZZLE 200

Across

1 Depressions (4)
3 Worldwide outbreak (8)
9 Severely (7)
10 Large intestine (5)
11 Musical form with a recurrent theme (5)
12 Dissimilar (7)
13 Coercion (6)
15 Struggled against (6)
17 Scuffles (7)
18 Group of shots (5)
20 Promotional wording (5)
21 Print anew (7)
22 Opposite of westerly (8)
23 Prying (4)

Down

1 Disreputable (13)
2 Birds do this to clean their feathers (5)
4 Shelter; place of refuge (6)
5 Absolute authority in any sphere (12)
6 Thawing (7)
7 Sweets (13)
8 Heartbroken (12)
14 Saves from danger (7)
16 Relating to stars (6)
19 Rope used to catch cattle (5)

SOLUTIONS

Solutions

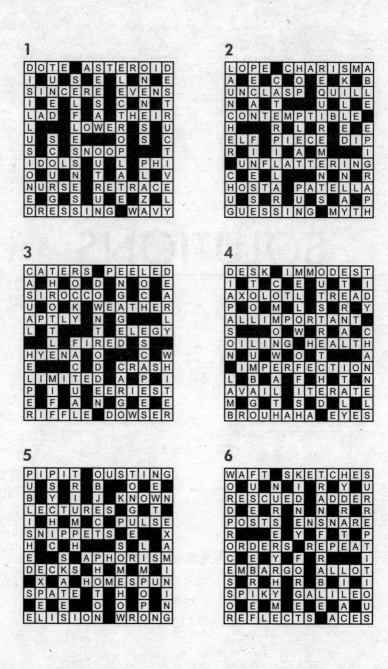

1

```
D O T E _ A S T E R O I D
I _ U _ S _ E _ L _ N _ E
S I N C E R E _ E V E N S
I _ E _ L _ S _ C _ N _ T
L A D _ F _ A _ T H E I R
L _ _ _ L O W E R _ S _ U
U _ S _ E _ _ _ O _ S _ C
S _ C _ S N O O P _ _ _ T
I D O L S _ U _ L _ P H I
O _ U _ N _ T _ A _ L _ V
N U R S E _ R E T R A C E
E _ G _ S U E Z _ _ _ _ L
D R E S S I N G _ W A V Y
```

2

```
L O P E _ C H A R I S M A
A _ E _ C _ O _ E _ K _ B
U N C L A S P _ Q U I L L
N _ A _ T _ _ _ U _ L _ E
C O N T E M P T I B L E _
H _ R _ L _ R _ E _ _ _ E
E L F _ P I E C E _ D I P
R _ I _ I _ A _ M _ _ _ I
_ U N F L A T T E R I N G
C _ E _ L _ _ _ N _ N _ R
H O S T A _ P A T E L L A
U _ S _ R _ U _ S _ A _ P
G U E S S I N G _ M Y T H
```

3

```
C A T E R S _ P E E L E D
A _ H _ O _ D _ N _ O _ E
S I R O C C O _ G _ C _ A
U _ O _ K _ W E A T H E R
A P T L Y _ N _ G _ _ _ L
L _ _ T _ T _ E L E G Y _
L _ F I R E D _ S _ _ _ _
H Y E N A _ O _ _ _ C _ W
E _ _ _ C _ D _ C R A S H
L I M I T E D _ A _ P _ I
P _ I _ U _ E E R I E S T
E _ F _ A _ N _ G _ E _ E
R I F F L E _ D O W S E R
```

4

```
D E S K _ I M M O D E S T
I _ T _ C _ E _ U _ T _ I
A X O L O T L _ T R E A D
P _ M _ L _ S _ R _ _ _ Y
A L L I M P O R T A N T _
S _ _ O _ W _ R _ A _ C _
O I L I N G _ H E A L T H
N _ U _ W _ O _ T _ _ _ A
_ I M P E R F E C T I O N
L _ B _ A _ F _ H _ T _ N
A V A I L _ I T E R A T E
M _ G _ T _ S _ D _ L _ L
B R O U H A H A _ E Y E S
```

5

```
P I P I T _ O U S T I N G
U _ S _ R _ B _ O _ E _ _
B Y _ I _ J _ K N O W N _
L E C T U R E S _ G _ T _
I _ H _ M _ C _ P U L S E
S N I P P E T S _ E _ _ X
H _ C _ H _ _ _ S _ L _ A
E _ _ S _ A P H O R I S M
D E C K S _ H _ M _ M _ I
_ X _ A _ H O M E S P U N
S P A T E _ T _ H _ O _ I
_ E _ E _ O _ O _ P _ N _
E L I S I O N _ W R O N G
```

6

```
W A F T _ S K E T C H E S
O _ U _ N _ I _ R _ Y _ U
R E S C U E D _ A D D E R
D _ E _ R _ N _ N _ R _ R
P O S T S _ E N S N A R E
R _ _ _ E _ Y _ F _ T _ P
O R D E R S _ R E P E A T
C _ E _ Y _ F _ R _ _ _ I
E M B A R G O _ A L L O T
S _ R _ H _ R _ B _ I _ I
S P I K Y _ G A L I L E O
O _ E _ M _ E _ E _ A _ U
R E F L E C T S _ A C E S
```

7

```
C H I C . E P I D E M I C
A . D R S . . I A . . A . A
B A L C O N Y . S E C T S
O . E . M . C . C . B . T
O L D F A S H I O N E D .
D . . N . E . N . T . C .
L I G H T S . E S T H E R
E . E . I . C . O . . E .
. E L E C T R O L Y S I S
A . A . A . A . M . C . .
N A T A L . V I T I A T E
N . I . L . E . E . R . N
A N N O Y I N G . S T E T
```

8

```
D E C A Y . B R E A D T H
E . U . A . E . L . E . .
D . R . W . D . B I R D S
I N S A N E L Y . B . D .
C . O . . I . A . V I N Y L
A G R O N O M Y . S . A .
T . Y . G . . . O . M . N
E . . A . G A M B L I N G
D O O M S . N . V . L . U
. . T . B . A N G E L I C A
S T O U T . U . R . T . G
. E . S . S . L . S . I E
U R C H I N S . E X A M S
```

9

```
L O W K E Y . P . P . S .
I . A . . E V A N E S C E
F I R . L . R . D . A . .
T . N U C L E I . I L L S
E E . . S . A . G . E . .
D A D D Y . C H A R A D E
. . O . . S . S . E . . .
P R O G R A M . G E T U P
. E . N . W . . . R . . I
O H I O . D R O O P Y . C
. A . D . P . R . . I L K
A S C E T I C S . N . . L
. H . R . T . T I N G L E
```

10

```
R U S T S . D E P L O R E
E . E . I . U . E . A . .
P . L . M . B . E D I T S
U N F A I R L Y . G . I .
L . I . L . I . V E N O M
S U S T A I N S . R . I .
I . H . R . R . W . A . D
O . . H . A C H I E V E D
N O V A E . A . D . I . L
. C . R . A T T E N D E E
S C A R F . N . N . I . M
. U . O . A . E . T . A .
G R O W N U P . D O Y E N
```

11

```
U R D U . P R O C L A I M
N . R . P . I . O . M . I
S P O I L E D . N A M E S
Y . O . A . E . S . E . M
M O P . I R . U L T R A .
P . N A S A L . E . R . N
A . V . C . . . T . R . A
T . U . L A R V A . . . G
H E L L O . E . T . R U E
E . T . T . G . I . I . M
T O U G H . E N O U N C E
I . R . E . N . N . S . N
C R E O S O T E . P E L T
```

12

```
S T R A W S . S . P . G .
O . U . . E N T I R E L Y
F O B . A . A . O . O . .
T . R A M M E D . S . P A W S
E . I . S . I . O . E . .
N E C K S . S U B S I D E
. . N . W . M . A . . . .
D E L E T E D . G L A Z E
. A . A . E . G . M . X .
P R O D . K U N G F U . A
. T . I . D . O . S E C .
P H A N T A S M . E . T .
. Y . G . Y . E X U D E S
```

13

```
A D A M   G L O W W O R M
G   D   I   E H   R   A
G R O A N E D   O W I N G
L   R   V   G L   G   N
O U N C E   E L E V A T E
M       S S   H   M   T
E R S A T Z   G E M I N I
R   W   I   A A     C
A M A L G A M   R E S I N
T   L   A   P T   I   O
I S L E T   E L E C T O R
O   O   O   R D   A   T
N E W S R E E L   A R C H
```

14

```
  V A T I C A N C I T Y
C   U M   T R   H   S
O   G   P I T H Y   O A K
M A M B A   I   P R   Y
M   E   L R   T O N G S
U N N E E D E D       C
I   T   S     F   C   R
I       S C H E M A T A
C E D E D   O   R   L P
A   E   R H   M A Y B E
T O E   A B O V E   P R
E   M   P R   N   S S S
O S T E N T A T I O N
```

15

```
D O G S   F R O S T I N G
E   O   H U   H   N   U
C A R R Y O N   O D D L Y
I   G   P     O O   S
P R E C O N D I T I O N
H   C   U   I   R   P
E B B   H E R O N   S I R
R   U   O   U G   I
  T R A N S M I S S I O N
A   G   D     T   N   C
M O L A R   B R A I L L E
E   A   I O   R   A   S
N A R R A T O R   O W E S
```

16

```
R O O M Y   P R E S A G E
E   U   E E   E   I
F   T A R   A N G R Y
U N D E R C U T   I L
R   A   N S   L O O S E
B E T T E R E D   R   X
I   E D     T   P   E
S   S   A C T I V I S M
H O L E S   A R   T P
  P   L   U N L A W F U L
T A L E S   D D   A A
L   N   I   E L   R
U S H E R E D   S U L K Y
```

17

```
D E C A M P   A B O D E S
E   L   O R   A E   A
M E A S U R E   H A   I
U   P   N   Q U A R R E L
R A P I D   U M     O
E   I   I   A M B E R
  N   S O R T S   R
D I G I T   E     I S
E   A   M   B A S I L
F E A T U R E   R T   U
I   U   N   N E E D L E S
E   R   C T   V E   H
S W A T H E   F E I S T Y
```

18

```
  P R O P E L L A N T S
I   A U   O E   O   M
N   I   D O D O S   T E E
A D D E D   G   O A   A
D   E   L E   P Y L O N
V E R T E B R A     I
I   S S     C   M   N
S       U N M O V I N G
A L A R M   Y   C S   L
B   N   A M   H A S T E
L U G   N E P A L   I S
E   E T   H E   V   S
  C L E A N S H A V E N
```

19

```
G O O D   V E N D E T T A
L   F   S K   I   O     L
A U T O C U E   S U C K S
U   E   R   C   C   O
C O N V E N T I O N A L
O       E   O   U   T   C
M O B   N E W E R   A D O
A   L   W   E   A       N
  S A C R I L E G I O U S
M   T   I       B   I
A W A I T   W O N D E R S
L   N   E   O   G   S   T
I N T E R I O R   P E T S
```

20

```
P U T T   T I C K L I N G
E   R   B   C   A   N   O
R E U N I T E   L I M B O
F   T   O   A   E   A   D
E T H I C   G L I S T E N
C       H   E   D   E   A
T O S S E D   C O R S E T
I   H   M   C   S       U
O C A R I N A   C I D E R
N   R   S   V   O   E   E
I N P U T   E X P O U N D
S   E   R   R   C   L
T A R R Y I N G   D E W Y
```

21

```
U G L Y   O C C U R R E D
N   U   D   R   N   E   I
A R C H I V E   C A S E S
C   I   S   D   I       P
C O D   H   I   A R O M A
O       E A T E R   R   S
U   C   A       I   E   S
N   L   R E B U T       I
T R A I T   U   A   G O O
A   S   E   R   B   A   N
B O S O N   D I L E M M A
L   I   E   E   E   M   T
E N C O D I N G   B A R E
```

22

```
T A S K   C H I P M U N K
R   E   E   R   N       I
O U T W E A R   E M I T S
U   T   L       P   F   S
B O O G I E W O O G I E
L       Q   A   N   E   S
E L K   U N D I D   S A C
S   N   E   E   E       R
  C O N S I D E R A B L E
G   W   C       A   L   E
A R I S E   R U N D O W N
L   N   N   H   T   C   E
A N G S T R O M   S K I D
```

23

```
E A S E S   T R A N C H E
V   O   O   E   A   O
I   F   B   A   S T A T E
D A T A B A S E   U   L
E   E   I   E   D R A Y S
N O S I N E S S   E   C
T   T   G       S   U
L     G   T E E T O T A L
Y E A R S   L   E   E   P
A   O   A B U N D A N T
G R A T E   O   C   M   U
    L   T   W   I   E   R
O S M O S I S   L A R G E
```

24

```
A U T O N O M Y   R I N K
R   H   E   I       S   E
C R E A M   L O Y A L T Y
S   S   A   L       A   S
      I   T   E X T I N C T
P A S S O U T   Y   D   O
R       D       P       N
E   B   E   A S I N I N E
C O U R S E D   C   S
E   T       A   A   R   C
D R A W I N G   L E A S E
E   N       I   L   E   N
S E E D   P O L Y G L O T
```

```
. D I F F I D E N T L Y .
M M E . I E . I . . A . .
M A . T H R O W . B I D .
G H O U L . E . L . R . I
I . R . O . C Y E A R N .
S T A C C A T O . D . I F
T . L . K . . . D R . . I
E . . . . E U R O P E A N
R A T E S . N . U . T . I
I . A . . N T . B E S E T
A W L . A P R I L . I . U
L . O . R . U . E . N . M
. I N F L U E N T I A L .
```

```
C A B I N S . S I R . . R
O . U . . M U T I N O U S
R I B . . I . A . S . . C
P . B R U T A L . O A K S
U . L . . H . L . M . . U
S W E E P . R E D N E S S
. . X . . M . D . I . . .
C H E C K I N . F A R C E
U . E . . S . G . H . . A
O B O E . C R E A M Y . R
R . D . U . E . . . M A N
W I D E N E S S . . E . E
. S . D . S . E L U D E D
```

```
. T R A C K R E C O R D .
T E . O . E . H . O . . E
O . T . M A L T A . T A X
U S U R P . I . F . O . P
R . R . E . E . F O R T E
D A N D R U F F . . . . D
E . S . E . . . M . A . I
F . . V O C A L I S T . .
O A T H S . C . S . R . I
R . E . I . T . C A M E O
C U R . D R A M A . A . N
E . M . L . N . R . I . S
. E S S E N T I A L L Y .
```

```
C E D E . D I S P O S E D
A . I . F . L . R . H . I
M I N E R A L . O S I E R
I . E . U . F . V . T . .
S T R A I G H T E N E D .
O . . . T . O . S . R . B
L A W . F L I P S . S K I
E . A . U . S . I . . . C
. E V O L U T I O N A R Y
W . N . . N . . F . C . .
H A L V E . G L A C I A L
Y . E . S . A . L . R . E
S E T A S I D E . K E Y S
```

```
M A J E S T I C . O P U S
U . I . H . M . . R . L .
C A N T O . P L A T E A U
K . G . R . E . . L . G .
. . L . T . L O D G I N G
K E E P E R S . E . M . A
A . . . N . . . M . . . R
L . D E . A B A S H E D .
A M E N D E D . R . A . .
H . A . . U . C . W . . D
A L C O H O L . A G A T E
R . O . . T . . T . I . N
I N N S . A S P E R I T Y
```

```
T H E I S M . V E N D O R
A . X . P . N . M . E O N
P I C C O L O . B . E . N
E . A . U . U N A R M E D
R I V E T . R . R . . . O
S . A . . T . I . K I W I S
. . T . P E S T S . H . .
S P E L L . H . . . I . C
I . . . A . M . D I T T O
M O N O C L E . I . E . B
P . E . A . N O V E L L A
E . A . R . T . E . I . L
R A P I D S . A S S E N T
```

31

```
M I S T   E M I S S A R Y
A   P   H   A   T   L   E
D E L A Y E D   R I G H T
R   I   P   E   A   E   I
I N T R O D U C T O R Y
G     T   P   O   I   E
A P A T H Y   O S C A R S
L   T   E   N   P     P
  C L O T H E S H O R S E
A   A   I   A   E   A   C
B A S I C   T E R M I N I
E   E   A   E   E   S   A
T U S S L I N G   W E A L
```

32

```
D A R E D   S P E C K L E
I   A   U   E   O   A
C   B   C   X   S M I R K
H A B I T A T S   M   G
O   I   I   E   C O C O A
T O T A L I T Y   N   L
O   S   E     B   P   T
M   R   C A L A M A R I
Y E M E N   B   N   N   M
  X   B   E S C A L A T E
S T E A D   U   N   C   T
O   T   R   A   H   E
A L L E G E D   S W E A R
```

33

```
R E J E C T E D   T U G S
I   O   A   D   N   I
G A I N S   I T A L I A N
S   S   S   T   S   I
    T   E   O U T D O E S
I N S U R E R   R   N   T
M   O     U   E
I   S   L   M O N S T E R
T E M P E R A   C   R
A   A     K   H   A   F
T E R R A C E   E Q U A L
E   T   D   O   M   A
D U S K   D O W N C A S T
```

34

```
L O D E   A P I A R I S T
O   I   T   I   D   S   H
N E S T E G G   D R O N E
G   C   M   E   I   T   O
S C O O P   O U T D O O R
U   E   N   I   P   E
F I G U R E   M O D E S T
F   R   A   A   N   I
E M I T T E D   A T T I C
R   F   U   M   L   I   A
I N F E R   I L L E G A L
N   I   E   R   Y   E   L
G A N G S T E R   X R A Y
```

35

```
S C E N T S   S   C   P
E   N   P A L P A B L E
R U T   O   E   M   A
A   A V E R S E   P A Y S
P   I   E   P   A   E
H E L I X   P E R I O D S
  N   O   R   G
I S T H M U S   S N I D E
  C   U   T   F   N   A
B R I M   F L O O R S   G
  E   A   L   R   E E L
S W A N S O N G   C   E
  S   E   W   O R A T E S
```

36

```
C A K E   E M B I T T E R
R   E   D   E   N   H   I
A M B I E N T   C L A N G
F   A   C   R   O   W   H
T A B   O   I   H E I S T
S     N A C R E   N   E
M   B   G     R   G   O
A   L   E A G L E   U
N E E D S   Y   N   B U S
S   N   T   P   T   A   N
H Y D R A   S P L U R G E
I   E   N   U   Y   G   S
P A R T T I M E   T E A S
```

37

```
S C H E M A . T . A . D
O . A . . D R E N C H E D
D O N . U . E . R . F
I . G A L L O N . O N E S
U . U . T . A . S . A
M O P E S . A G I T A T E
. . M . B . E . I
S O A P B O X . S C A P E
. B . E . M . B . V . R
D O O R . B O L E R O . O
. I . O . A . O . W A D
E S P R E S S O . E . E
. T . S . T . M E N D E D
```

38

```
R A F T S . E R A S I N G
E . A . U . L . P . I
F . R . R . D . D O S E S
E X A M P L E S . U . C
R . W . L . S . A S K E D
E V A L U A T E . E . E
N . Y . S . B . W . M
C . E . A S T U T E L Y
E B O N Y . T . T . A . S
. L . I . B A C C A R A T
F U D G E . R . H . I
. R . M . E . E . E . F
S T R A Y E D . R U D D Y
```

39

```
O N E S I D E D . R U I N
X . M . R . C . . P . O
E M B E R . H A L I B U T
N . O . I . O . . E . A
. . S . T . E N C H A N T
M U S T A R D . O . T . I
E . . B . . W . . O
N . A L . S L A C K E N
A I L M E N T . R . E
C . K . . A . D . Y . A
I N A N E L Y . I M P E L
N . L . . E . C . A . U
G R I M . A D D E N D U M
```

40

```
R U S T . U N I C Y C L E
E . H . C . O . R . A . E
C O U L O M B . Y O D E L
E . N . M . O . P . E . S
I N T I M I D A T I N G
V . E . Y . O . Z . S
E A S I N G . A G H A S T
R . P . C . L . R . A
. D E R E G U L A T I O N
T . A . M . C . P . N . D
A N K L E . E C H I D N A
X . E . N . N . Y . E . R
I R R I T A T E . A X E D
```

41

```
C I T Y . S P I R I T E D
O . R . H . I . E . W . O
U N I C O R N . H A I K U
N . E . P . I . A . S . B
T H R E E . O R B I T A L
E . . L . N . I . E . E
R E A R E D . C L E R I C
F . M . S . B . I . . R
E N M A S S E . T A B O O
I . O . N . G . A . I . S
T E N S E . I N T E N D S
E . I . S . N . E . G . E
R E A S S E S S . R O A R
```

42

```
A L P S . O D O M E T E R
N . O . C . E . E . E . E
A B S O L V E . T O X I C
C . E . A . P . A . T . E
H A S . I . E . P L U M P
R . . R A N C H . R . T
O . P . V . . Y . E . I
N . A . O B O E S . . V
I T C H Y . R . I . W O E
S . K . A . D . C . H . N
T R A I N . E V A S I V E
I . G . C . A . L . S . S
C L E V E R L Y . E K E S
```

43

```
A N G O R A   E   B   S
M   R     D I S R U P T S
B A A   M   C   L   A
L   P O L I S H   K I N K
E   E   X   E   H   C
D U S T Y   T W E E T E R
    H   D   S   A
A S S U R E S   A D D O N
  P   M   F   L   O   E
C L U B   A D O R E D   U
  I   S   C   A   G E T
A C O U S T I C     E   E
  E   P   O   H E A R E R
```

44

```
N U L L   S C I S S O R S
O   A   I   O   E   V   O
W O M A N L Y   C L E A N
A   P   C     O   R   G
D I S C O R D A N T L Y
A     M   E   D   A   R
Y A P   P I L O T   P I E
S   E   A   T   O     V
  U N A T T A I N A B L E
S   G   I     O   I   R
C R U M B   O M N I B U S
U   I   L   R   E   L   E
T E N D E N C Y   N E W S
```

45

```
M A K E R S   D I A D E M
A   E   O   I   N   O   I
L A Y D O W N   F   L   S
I   B   T   S A L U T E S
C R O P S   T   E     E
E   A   I   C U R E D
  R   F I G H T   E
P E D A L   A   C   O
U     O   T   H A L L S
B U F F A L O   U   I   I
L   A   T   R O M A N C E
I   W   E   S   A   E   R
C A N A D A   S N A R L S
```

46

```
P E A R   I N I M I C A L
A   U   B   A   U   H   E
S E G M E N T   L E E R S
S   U   W   I   T   R   S
P A R S I M O N I O U S
O     L   N   P   B   G
R E S I D E   C L O S E R
T   U   E   A   I     E
  I N T R O D U C T I O N
F   R   M   O   I   D   A
A L I V E   R A T T L E D
N   S   N   N   Y   E   E
G R E A T E S T   E R A S
```

47

```
F A R O F F   U S   A
I   A   L E N I E N C Y
T E N   O   C   A   I
F   S C H O O L   W I D E
U   O   R   E   A   I
L I M E S   L A T T I C E
    N   U   N   E
G A L L A N T   D R A W S
  V   A   E   F   W   M
S E E R   Q U E N C H   O
  N   G   U   V   I R K
N U M E R A T E     L   E
  E   D   L   R E N E W S
```

48

```
B U F F   O R D I N A R Y
O   E   A   O   L   B   A
U P T I G H T   L A S E R
Q   I   G     U   E   N
U N D E R G A R M E N T
E     E   N   I   C   B
T A U   S H O W N   E M U
S   N   S   D   A     O
  A C C I D E N T A L L Y
C   H   V     I   A   A
U S A G E   S H O R T E N
F   I   L   E   N   C   C
F U N N Y M A N   W H E Y
```

49

```
M I L K   E D U C A T O R
A I I I       A   A O
S A V I N G S   R E G A L
S   I   S U B   G   L
A N D   U S   O P I N E
    F R E S H   N   R
H   A   F   Y   G   C
U V   E A S E D     O
S N E E R   H   R   E T A
E   N   A   R A L   S
T H U M B   O U T P O S T
T   E   L U E   P   E
S U S P E N D S   R E A R
```

50

```
A N V I L S   A F F A I R
S   I   E   E   O   I   O
S U S T A I N   R   D   A
U   I K   T A S S E L S
R A T T Y   E   A     T
E   I   R   K I L N S
    N   B A T H E   E
A N G L E   A     A   B
R     A   I   L A P S E
C H A G R I N   U   Y   A
A   J I   E X C E E D S
N   A S   D   R   A   T
E A R T H S   D E B R I S
```

51

```
U P O N   E D U C A T E S
N   I   C   O   O   I   P
P U L L I N G   M A C H O
R   E   R   L   P   K   R
E N D   R   E   E R E C T
T   O U G H T   T   S
E   F C   I   S M
N   R   U P S E T     A
T H E R M   T   I   C A N
I   T   U   A   O   R   S
O F F A L   B E N E A T H
U   U   U   L   S   F   I
S P L A S H E D   S T O P
```

52

```
M A P L E S   S   S   H
U   I     T W I N K L E S
T H E     A   G   Y   C
U   C A N Y O N   L U K E
A   E     S   A   I   L
L A S T S   E L E G I E S
    I     A   S   H
O D D N E S S   S T A R S
  E   G   P   S   N   P
H E A L   I N T E R N   E
  P   I   R   A     O N E
P L A N N I N G     Y   D
  Y   G   N   S E N S E S
```

53

```
D A I L Y   M O L L I F Y
I   N   E   A     A   L
S   C   L   I A C T O R
P R E C L U D E   U   E
E   N   I E   G N A S H
R E S O N A N T   A   A
S   E   G     R   S   R
A     B   M O M E N T U M
L O B E S   P   I   E   O
  V   A   K I N G S T O N
P E R K Y   N   N   S   I
  N   E   E E   O   U
U S U R P E D   D E N I M
```

54

```
E A T S   S T O C K A D E
X   R   H   I   H M   N
P R O L O N G   A M E N D
E   U   U   E   M   R   S
C A T A S T R O P H I C
T     E   S   I   C   P
E U R E K A   P O T A T O
D   U   E   E   N     R
  E F F E R V E S C E N T
L   F   P   A   H   L   U
A L I B I   D E I C I N G
I   A   N   E   P   D   A
R E N E G A D E   P E E L
```

55

```
 S M A L L M I N D E D
A   A   O   A   X   M
M S   S T R U M   I C E
B A T C H   T   E   T A
A   E   I   A   D E S K S
S T R O N G L Y       U
S   Y   G       M   C R
A       C U R A T I V E
D A F F Y   R   L   T M
O   U   O   C   A D A G E
R A T   U S H E R   D N
S   O   T   I   E   T
 U N T H I N K A B L E
```

56

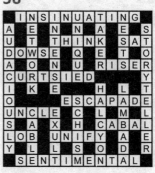

```
D O V E   P A R A S O L S
A   O   C   S   L   U U
Y E L L O W S   L A T E R
D   G   N   I   E   I F
R E A S S E S S M E N T
E   T   I   B   G   E
A U R O R A   C R U S T Y
M   E   U   G   A     E
 S U B C O N S C I I O U S
C   N   T   O   I   D I
H A I T I   M I N C I N G
E   O   O   E   G   U H
F O N D N E S S   E M I T
```

57

```
S I G H T S   U   P   E
E   L   W O N D R O U S
T W O   I   I   E   R
   V I O L E T   S L O T
E   E   L   I   S   P
R A S P Y   I N S U R E D
    R   S   G   R
T A L E N T S   Z E B R A
  C   E   A   D   E   D
T H E N   R A R E L Y   D
  I   I   L   A   O I L
U N E N D I N G   N   E
  G   G   T   S H A D E D
```

58

```
 I N S I N U A T I N G
A E   N   N   A E   S
U T   T H I N K   S A T
D O W S E   Q   E   T O
A   O   N   U   R I S E R
C U R T S I E D       Y
I   K   E   H   L   T
O     E S C A P A D E
U N C L E   C   L   M L
S   A   X   H   C A B A L
L O B   U N I F Y   A E
Y   L   L   S   O D   R
 S E N T I M E N T A L
```

59

```
P O P S   P R E S S M E N
A   R   C   Y   P E   O
R H I Z O M E   I D L E S
A   C   M   C   A   E
S L E E P W A L K I N G
I   L   B   A   I   M
T O P   A C O R N   N E E
E   E   C   D   D   A
 C A R E L E S S N E S S
L   F   N   P   S   U
A L O F T   P L A T T E R
V   W   L   I   N E   E
A L L A Y I N G   B R A S
```

60

```
T O T S   U M B R E L L A
E   E   D   A   E I   U
L A N C E T S   S I G H T
E   E   M   S U H   O
M O T T O   E R R A T U M
A   N   S   R   E   A
R E C E S S   P E A N U T
K   A   T   L   C   I
E N L A R G E   T O N I C
T   D   A   S I I   A
I N E P T   S T O I C A L
N   R   E   E N E   L
G U A R D I N G   P R E Y
```

61

```
 S H O R T C H A N G E
G   A   E   U   W   O F
R R V I D E O   I R E
A P P L E   D K   N A
N   I   L L   E I G H T
D E S E R T E D     U R
F   T   Y     U   B R
A       T U R N P I K E
T E L L S   N M   Z L
H   E   O W   A B A T E
E V E   F R E E S   R S
R   K   I   L   K R S
   E S T A B L I S H E D
```

62

```
E N E M Y   B E L I E F S
X   N   O   E   N L
A   G U S   A F O O T
C O L A N D E R   U U
T   A   G T   T S A R S
N O N S E N S E   E   P
E   D   R     B P E
S     A   O B S O L E T E
S U I T S   A T   R D
   N   T   O N T H E J O B
S C R A M   N E   U O
U   I   E   R   R A
S T I N G E R   S L E P T
```

63

```
S O B S   H I S P A N I C
E   A   R   N   R E R R
L U N C H E D   E M P T Y
F   D   O   O P H   P
R A Y   D O   O V E R T
I   O G R E S   W O
G   F D   T S     G
H R   E T U D E   R
T I E I N   R R   S P A
E   E D   A O H   P
O R D E R   N O U R I S H
U   O   O   U S R E
S A M E N E S S   S T A R
```

64

```
 S U P E R F I C I A L
R   N X   I R   L   I
E S   P A N D A   D I M
S C O W L   I M   E P
E   U O S   P U R S E
M O N A R C H Y   R
B   D E   D   V M
L       P O S I T I V E
A L T O S   B S   B A
N   U W T   S H R U B
C U B   A G A P E   A L
E   E R   I N   T E
 P R E M O N I T I O N
```

65

```
A T O M I C   A   D   F
U   L   H Y G I E N I C
P A D   E   I S   B
A   A V O W A L   P L U S
I   G Y   I A L
R E E K S   E T H I C A L
   I F   Y   R
S C A N D A L   A S I D E
R   S N M   M   M X
L O A F   C H I N U P   T
   C O I L     O W E
G U I L E F U L   R N
   S K Y   S E P T E T
```

66

```
I N C H   C U L P A B L E
N   L S   N   R R   X
A P O S T L E   E Q U I P
P   W R   V   D I   R
P E N   A E   E N S U E
R   I O N I C   E   S
O   C G   E     D S
P R   H Y M N S   S I
R E A C T   A S   Z O O
I   C A D   O A   N
A S K E W   M A R T I N I
T   U A   A S   R S
E M P T Y I N G   B E A M
```

67

```
. C O N T E M P L A T E .
P R I . A . . O H I . .
A D . L O G I C . I O N
S H E L L . N . A . E .
S R E . E . L I F T S .
T O L E R A T E . . T .
H Y S . . . O C I . I .
E . . . P E N D U L U M
B A C K S . A Y A . A .
U R U . R . S C R U B .
C U E . R I F T S . I L
K . D G U E . O E . . .
. R O L E P L A Y I N G
```

68

```
C A P E . O V E R D O N E
O . A . W . O . E . R . X
M Y S T E R Y . P L A N T
P . T . L . A . R . N . R
A D A P T . G E O R G I A
N . E . E . D . E . V . .
I N C U R S . R U S S I A
O . O . W . A . C . . G .
N U M B E R S . T I B I A
A . B . I . T . I . R . N
B R I N G . E G O T I S T
L . N . H . R . N . N . L
E J E C T I N G . R E L Y
```

69

```
P A T I N A . C . A . T
I . H . . B R A G G A R T
G E E . U . R . I . . E
L . F I Z Z L E . T I M E
E . T . Z . F . A . . O
T U S K S . H U N T E R S
. . I . A . L . E . . .
D I G N I F Y . A D M I T
. M . G . F . S . I . I
A P E S . A S K I N G . T
. A . I . I . U . . H U T
P I Z Z E R I A . T . E
. R . E . S . S A W Y E R
```

70

```
S H A G G Y . S C O O P S
E . T . U . H . O . R . E
N E T L I K E . N . C . L
O . A . L . A C T U A T E
R A C E D . D . O . . C .
A . H . T . U N L I T . .
. E . S T E E R . A . . .
F E D U P . A . . U . E .
E . R . C . . S U G A R .
S C R E E C H . C . H . E
T . A . A . E L E G I A C
E . Y . D . R . N . N . T
R E S I S T . H E D G E S
```

71

```
O A T H . M A C A Q U E S
N . Y . H . C . R . N . T
C H I N E S E . R I D G E
E . N . A . T . A . E . A
U R G E D . I G N O R E D
P . M . C . G . G . . F .
O S I R I S . F E D O R A
N . K . S . A . M . . S .
A V E R T E D . E R U P T
T . B . R . J . N . S . N
I N A N E . O U T S I D E
M . N . S . I . S . N . S
E L A P S I N G . E G G S
```

72

```
C O S T L Y . T R I V I A
H . O . U . M . E . A . L
I N F E R N O . S . S . L
R . T . E . U K U L E L E
P I N K S . N . L . . L .
S . E . T . . T H E M E .
. S . S L A B S . N . . .
F U S S Y . I . . T . C .
A . N . N . . H A R S H .
C O N N O T E . A . E . O
T . O . N . E X P E N D S
O . V . Y . R . P . C . E
R E A L M S . H Y P H E N
```

73

```
  E Q U I L I B R I U M
W   U   R   C   E   N   A
O   I   K N O L L     D O G
R U C K S   N   I   E     G
D   K O I   C A R O L
P O L E M I C S           O
E   Y   E       F   C   M
R       S M O O T H I E
F I S T S   A   R   O   R
E   O O S   C U R I A
C A B   L I T H E   I   T
T   E   I   I   P   Z   E
  P R E D E C E S S O R
```

74

```
V E R Y   S E R A P H I M
E   O   M X   P   E   E
N E P T U N E   P L A I T
T   E   L   M   R   T   A
R E S E T   P R E M I U M
I       I   T   H   N   O
L O C A L S   B E G G A R
O   H   A   I   N       P
Q U I E T E N   S Y L P H
U   A   E   D   I   O   O
I N N E R   I N V E S T S
S   T   A   E   E   I
M A I N L A N D   A R E S
```

75

```
C O A L   A D V A N C E D
I   L   C   I   F   O   I
R E P L A Y S   T A N K S
C   H   L   H   E   I   G
U S A   L   E   R E F E R
M       I N S E T   E   A
F   D   G   H   R   C
E   O   R O D E O   E
R U M B A   E   U   O F F
E   A   P   M   G   W   U
N E I G H   E T H A N O L
C   N   E   A   T   E   L
E N S H R I N E   P R A Y
```

76

```
E P I C S   B E A R D E D
D   N   T   R   E   V
U   D   A O   H A B I T
C H U R N I N G   S   L
A   C   D Z   C O A S T
T R E M B L E D   N   E
I   S   Y   P   H   N
O   T   U P T H R U S T
N O M A D   R   R   R A
  T   I   R O M A N T I C
C H I N A   B   S   I L
  E   T   E   E   N E
P R E S S E S   S A G A S
```

77

```
D E N I M S   S C O W L S
E   E   E   S   R   I   T
M A E S T R O   I   N   A
O   D   E   R E T R E A T
T O L L S   C   I   I
E   I       E   C U B I C
    N   S U R F S   A
A N G S T   E   C   D
X   I   S   P O K E R
I G N O R E S   H   B   E
O   E   R   E L I C I T S
M   A   U   S   A   T   S
S C R A P S   S L E E P Y
```

78

```
T E X T   C R A C K I N G
E   Y   E   A   O   N   A
R E L A X E D   N O S E S
R   E   H   I   V   U   H
I M M E A S U R A B L E
F       U   S   L   I   R
I M P O S E   S E A N C E
C   E   T   S   S   C
A R T I S T I C A L L Y
O   T   V   A   E   E   C
R O U S E   S E N E G A L
A   R   L   I   T   A   E
L O B B Y I S T   A L A S
```

79

```
P U L L B A C K ■ T R O T
I   O   R   L   S   E   H
E D U C E   A   U N D U E
R   T   A   S   R   E   O
■   S K Y S C R A P E R
E   C   T   Y   O   L   I
M A R S H Y   T U T O R S
P   A   R   B   N   Y   T
H O W D O Y O U D O
A   L   U   T   I   G   N
S T I N G   T   N O O S E
I   N   H   O   G   B   O
S A G A ■ O M I S S I O N
```

80

```
D I S S O L V E   W A N D
I   T   B   I   S   E
G L U E S   C R E A S E S
S   C   E   T   A   I
    C S   O P E N I N G
S P O N S O R   D   L   N
L   I   U   E
I   D V   L A C Q U E R
P L A C E B O   A   P
P   G   U   T   L   H
I N G R A I N   I C I L Y
N   E   G   N   F   M
G I R L   H E I G H T E N
```

81

```
N A G S   A N G R I E S T
O   A   P   E   X   O
T A F F E T A   S I T U P
I   F   R   R   E   R   S
C H E E S E B U R G E R
I   E   Y   V   M   C
N A T I V E   R E M E D Y
G   R   E   I   P   C
  C O U R T M A R T I A L
I   U   A   P   I   D   A
C A B I N   A C C L A I M
E   L   C   L   E   H   E
S K E L E T A L   T O W N
```

82

```
O W N E R S   C A P
N   O   E M U L S I O N
E A T   V   S   T   L
O   I N T E N T   O V I D
F   C   N   O   N   T
F L E S H   A D M I R E D
    T   M   Y   S
D O O R W A Y   C H A T S
  P   E   S   F   D   I
H A F T   O V E R D O   E
  Q   C   N   R   P E G
E U P H O R I A   T   E
  E   Y   Y   L A P S E S
```

83

```
M E A N D E R S   S I G H
O   I   R   O   S   E
N E R V E   A C T I O N S
K   M   A   R   B   I
    A M   E N T R A N T
K I N D L E D   R R A N
A   I   A   N
M   E K   E N D M O S T
I S S U E R S   E   P
K   T   T   S   P   G
A W E S O M E   M O U S E
Z   R   E   A   G   N
E L S E   E M I N E N C E
```

84

```
P A S S   N A R R A T E D
A   W   B   N   E   I   I
R A I S I N G   M O T I F
A   N   O   E   O   A   F
P U G   G   R   R A N G E
H   R E S T S   I   R
E   C   A   E   C   E   N
R   A   P R O O F   N
N Y M P H   C   U   A P T
A   E   I   T   L   N   I
L Y R I C   A T L A N T A
I   A   A   V   Y   E   T
A B S O L V E S ■ A X L E
```

85

```
A C C E D E ▉ T S E T S E
N ▉ O ▉ R ▉ A ▉ U ▉ U ▉ A
G E N D E R S ▉ B ▉ B ▉ S
E ▉ C ▉ S ▉ S Q U E E Z E
L I E N S ▉ I ▉ R ▉ ▉ ▉ L
S ▉ R ▉ T ▉ G ▉ B A S I S
▉ ▉ T ▉ B E N D S ▉ U ▉ S
A D O R E ▉ M ▉ ▉ S ▉ D ▉
R ▉ ▉ W ▉ E ▉ C O P R A ▉
C A P T I O N ▉ O ▉ E ▉ H
T ▉ E ▉ T ▉ T O P I C A L
I ▉ R ▉ C ▉ S ▉ ▉ E ▉ I ▉
C O U G H S ▉ O D E S S A
```

86

```
▉ E D U C A T I O N A L ▉
D ▉ E ▉ O ▉ O ▉ S ▉ L ▉ U
I ▉ T ▉ M I M I C ▉ O W N
S H E E P ▉ A ▉ A ▉ H ▉ C
H ▉ S ▉ L ▉ T ▉ R E A C H
O N T H E D O T ▉ T ▉ A R
N ▉ S ▉ X ▉ ▉ T ▉ V ▉ R ▉
E ▉ ▉ I D I O L E C T ▉ ▉
S O L V E ▉ I ▉ R ▉ R E ▉
T ▉ O ▉ L ▉ S ▉ O L D E R
L A Y ▉ U N P I N ▉ U ▉ E
Y ▉ A ▉ D ▉ E ▉ T ▉ R ▉ D
▉ B L U E B L O O D E D ▉
```

87

```
D E P O S E ▉ A F L A M E
E ▉ A ▉ W ▉ C ▉ O ▉ C ▉ R
V E R T I G O ▉ R ▉ N ▉ A
O ▉ A ▉ S ▉ I N G R E S S
T O N E S ▉ N ▉ I ▉ E ▉ ▉
E ▉ O ▉ C ▉ V A P I D ▉ ▉
▉ I ▉ K N I F E ▉ R ▉ ▉ ▉
L A D E N ▉ D ▉ ▉ O ▉ G ▉
E ▉ ▉ E ▉ E ▉ A N V I L ▉
V I L L A I N ▉ R ▉ I ▉ A
E ▉ A ▉ D ▉ C R O W D E D
R ▉ K ▉ E ▉ E ▉ S ▉ E ▉ L
S T E A D Y ▉ H E Y D A Y
```

88

```
N O S E D I V E ▉ M O O R
U ▉ T ▉ A ▉ E ▉ R ▉ E ▉ ▉
M E A T Y ▉ S T R I D E S
B ▉ T ▉ D ▉ T ▉ A ▉ ▉ ▉ I
▉ O ▉ R ▉ R O A M I N G ▉
C A R V E R Y ▉ R ▉ N ▉ N
E ▉ ▉ A ▉ M ▉ ▉ E ▉ ▉ ▉ ▉
R ▉ L ▉ M ▉ U N A I D E D
B L O U S E S ▉ D ▉ E ▉ ▉
E ▉ O ▉ ▉ H ▉ I ▉ P ▉ T ▉
R E M O R S E ▉ L E A C H
U ▉ E ▉ R ▉ L ▉ R ▉ U ▉ ▉
S O D A ▉ A S S O R T E D
```

89

```
B O B B E D ▉ A ▉ A ▉ E ▉
E ▉ A ▉ ▉ O B L I G A T E
H O B ▉ U ▉ S ▉ R ▉ H ▉ ▉
O ▉ B O O B O O ▉ E D I T
L ▉ L ▉ T ▉ R ▉ E ▉ C ▉ ▉
D R E G S ▉ L A Z I E S T
▉ ▉ A ▉ P ▉ N ▉ N ▉ ▉ ▉ ▉
H U R R Y U P ▉ A G E N T
▉ M ▉ G ▉ T ▉ G ▉ E ▉ W ▉
A L T O ▉ T O R P O R ▉ A
▉ A ▉ Y ▉ I ▉ O ▉ ▉ I N N
F U R L O N G S ▉ E ▉ G ▉
▉ T ▉ E ▉ G ▉ S T A R T S
```

90

```
E V I L ▉ A P P E A L E D
S ▉ M ▉ H ▉ A ▉ A ▉ E ▉ I
T O P P I N G ▉ R O A D S
A ▉ L ▉ N ▉ O ▉ S ▉ F ▉ T
B A Y ▉ D ▉ D ▉ P A L E R
L ▉ ▉ Q U A I L ▉ E ▉ U ▉
I ▉ M ▉ U ▉ ▉ I ▉ T ▉ S ▉
S ▉ E ▉ A M B I T ▉ ▉ T ▉
H I R E R ▉ L ▉ T ▉ O A F
M ▉ R ▉ T ▉ I ▉ I ▉ F ▉ U
E L I T E ▉ T A N K F U L
N ▉ E ▉ R ▉ H ▉ G ▉ E ▉ L
T H R E S H E D ▉ T R A Y
```

91

```
A N C E S T O R . D A M P
I . O . U . S . . M . L .
R O B E S . P E R S O N A
Y . B . P . R . R . T . .
. L . E . E C S T A S Y .
C L E A N L Y . P . L . P
O . . D . . . A . . A . U
N . B . E . P E G A S U S
C H O W D E R . H . W . .
L . R . . A . E E E . . .
A M E N I T Y . T H R U M
V . R . E . T . V . U . .
E A S T . A D M I R E R S
```

92

```
D U S T . C R I M I N A L
O . A . I . H . A . E . I
C H U T N E Y . T W A N G
U . C . T . M . T . T . H
M A Y O R . E L E M E N T
E . A . S . R . N . . F .
N A M I N G . B O N S A I
T . U . S . A . F . . N .
A S S A I L S . F L I N G
T . T . G . S . A . . E .
I M A G E . I N C I S O R
O . N . N . G . T . U . E
N E G A T I N G . F E N D
```

93

```
. D E S T I N A T I O N .
F . N . U . U . H . A . T
A H . R A Z O R . S L Y .
S T A I N . Z . E . I . P
C . N . O . L . W A S T E
I N C L U D E S . . . . W
N . E . . M . H . R . . .
. . . B E R I B E R I . .
T U B E S . X . N . X . T
I . A . Y . P . D R A K E
O L D . R E E D S . G . R
N . G . I . C . E . O . S
. D E V A S T A T I N G .
```

94

```
M O S T . E L L I P S I S
U . P . A . E . N . U . U
S T A F F E D . T A M E D
I . S . F . . E . A . S .
C O M M E N S U R A T E .
I . C . L . M . R . R . .
A I M . T W I C E . A G E
N . A . N . D . D . D . .
. S T R O N G W I L L E D
S . U . N . . A . E . E .
C I R C A . F O R E M A N
A . E . T . O . Y . M . E
B A D G E R E D . Y A R D
```

95

```
W I S H . S C A B B A R D
I . T . C . A . E . N . A
L O O K O U T . L A G E R
D . R . I . C . O . U . K
F L Y O N T H E W A L L .
I . C . Y . T . A . A . .
R E P A I R . C H E R U B
E . I . D . S . E . S . .
. I N V E R T E B R A T E
A . I . N . O . E . H . N
G R O U T . C O L L E C T
E . N . A . K . T . A . L
D I S P L A Y S . E D G Y
```

96

```
C H A R . M E N I S C U S
O . B . T . L . N . O . E
L I B E R A L . A L G A E
L . O . A . . D . E . P .
A S T O N I S H M E N T .
P . S . T . I . C . O . .
S I C . P A R E S . Y O U
E . O . A . E . S . . T .
. N A R R O W M I N D E D
S . S . E . . B . W . A .
L A T I N . W I L D E S T
A . A . C . H . E . L . E
B A L L Y H O O . G L A D
```

97

```
H A U N T   S T O C K E D
E     P     O     O   D
S H B L   C O M I C   K C
I S O L A T E S     K C
T L C   M   D E P T H
A D D U C I N G     D O
N   S   O       S O S
C   E   B U T T E R U P
Y A W N S   T   R D   I
    N D   S T R I D E N T
K N E E S   E   P R   A
    O A     R E E L
C Y P R E S S   S I D E S
```

98

```
G A S P   S C E N A R I O
A   A   D   L   O   I   N
Z A M B E Z I   N A S T Y
P   B   C   M   A   O   X
A V A I L A B I L I T Y
C       A   S   C   T   P
H A R A R E   B O N O B O
O   O   A   A   H       L
  B A C T E R I I O L O G Y
G   S   I   M   L   Z   M
R E T R O   A R I Z O N A
I   E   N   D   C   N   T
P E D E S T A L   M E S H
```

99

```
R A D I O S   N   K   A
A   Y   C R E D I B L Y
K E N   A   T   T   L
I   M   A N K L E T   C O O T
N   M   D   I   H   T
G L O B E   U N L E A S H
    U   B   G   N
E V I L E Y E   A S T I R
    I   L   G R   A   E
W E R E   O R I S O N   L
    W   T   N   O   D U E
P E N I T E N T       E N
    R   N   S   S U B M I T
```

100

```
T O W S   M A N D I B L E
W   E   H   T   I   A   A
O R I N O C O   S A T Y R
F   G   M   N   R   H   N
A C H I E V E M E N T S
C       L   D   P   U   T
E R O D E S   T U M B L E
D   V   S   D   T       E
  P E R S P I R A T I O N
B   R   N   B   B   N   A
E L A T E   B U L L D O G
E   L   S   L   E   I   E
S P L A S H E S   F A I R
```

101

```
P L A S M A   D   I   E
E   L   C L I N G I N G
P E W   R   L   N   C
P   A M O E B A   I D O L
E   Y   S   T   T   R
R U S T Y   R E F I N E S
    W   B   S   O
I M P E R I L   S N A C K
    N   P   C   R   N
F R E T   E X O T I C   O
    R   I   D   U   H I T
F O R E C A S T       E T
    R   S   L   H O U R L Y
```

102

```
A I L S   A R R I V A L S
L   U   R   N   R   A
L A N T E R N   S A S S Y
O   A   C   E   T   E   S
W A R M O N G E R I N G
I       N   E   U   I   B
N E W E S T   A C A C I A
G   E   T   S   T       S
  R E D I S T R I B U T E
D   V   T   A   O   R   L
A D I E U   T E N A B L E
H   L   T   U   S   A   S
L I S T E N E R   A N T S
```

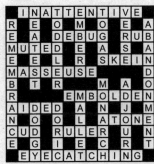

103

```
A M I D   D E L I G H T S
D   N   D   N   N   O   I
M A L T I N G   C R U E L
I   E   F   A   O   S   V
N E T   F   G   N A I V E
I     I D E A S   N   R
S   M   C       I   G   J
T   A   U R G E S       U
R U R A L   U   T   L A B
A   I   T   T   E   O   I
T E M P I   T U N E F U L
O   B   E   E   T   T   E
R E A S S U R E   T Y P E
```

104

```
  B O O T L E G G I N G
C   I   O   F   A   O   A
E   L   P U F F S   B O B
R O S E S   O   E   L   S
T   K   O   R   S W E E T
I N I T I A T E       R
F   N   L       W   S   A
I     G I G A N T I C
C I V I C   T   L   O   T
A   O   O   A   K A R M A
T O T   B E L L E   A   R
E   E   R   I   R   G   T
  B R O A D C A S T E R
```

105

```
N O D E S   W E L C O M E
U   R   I   E   A   O
L   I   R   A   F R A N K
L I F E L E S S   M   E
I   T   O   E   B E R Y L
F L E X I B L E   N
I   D   N       V   D   G
E     U   D E M O L I S H
D O U S E   L   Y   G   T
  B   A   V E X A T I O N
H E R B S   C   G   T   E
  Y   L   T   E   A   S
A S S E R T S   S O L E S
```

106

```
V A N I S H   A D D E R S
I   E   T   I   E   V   H
R U B D O W N   C   E   A
A   R   O   S M E A R E D
G R A N D   E   N       E
O   S       N   C O P E S
  K   H U S K Y   L
C H A S E   I   A   B
U   P   T   L I N E R
T I M P A N I   O   T   U
O   I   T   V I B R A N T
F   N   I   E   B   I   E
F R E N C H   H Y E N A S
```

107

```
  I N A T T E N T I V E
R   E   O   M   O   E   A
E   A   D E B U G   R U B
M U T E D   E   A   S   A
E   E   L   R   S K E I N
M A S S E U S E       D
B   T   R       M   A   O
R       E M B O L D E N
A I D E D   A   N   J   M
N   O   O   L   A T O N E
C U D   R U L E R   U   N
E   G   I   E   C   R   T
  E Y E C A T C H I N G
```

108

```
O R B S   H Y A C I N T H
V   E   I   E   O   O   A
E N D I N G S   U N T I L
R   I   D   N   I   O
C O M M E N D A T I O N
O     F   O   E   N   S
M R S   E A G E R   S A P
E   U   N   M   C       E
  U N A S S A I L A B L E
S   B   I       A   R   C
P L U M B   E P I T A P H
A   R   L   Y   M   C   E
R E N D E R E D   L E T S
```

109

```
L O A T H I N G   Z I N C
A   L   E   U     M     H
U M B R A   N A M I B I A
D   E   R   C     I     P
    D   T   I N H A B I T
A V O C A D O   I   E   E
D     C     T         R
V   S   H   R I O T O U S
A T H L E T E   R   U
N   O     P   M   N   E
C A R I B O U   I N C U R
E   E     T   S   E   R
S O S O   P E R S I S T S
```

110

```
E X A C T   S C H E M E R
L   R   E   P     U   N
O   R   E   I   S C U D S
Q U A G M I R E   L   O
U   N   I   E   V I E W S
E D G I N E S S   D     U
N   E   G     S   S   B
C     O   S M O T H E R S
E L E C T   U   R   T   I
    O   E   A S S I S T E D
S U L L Y   I   V   L   N
    S   O   N   E   E
L E T T I N G   S P R I G
```

111

```
S A M E   A L T H O U G H
L O   I   I   E   N   E
I N T O N E D   A D D L E
P   E   T   R   R   D
P I T T E R P A T T E R
E   R   O   R   S   S
R A P   M E L E E   S O W
Y   O   I   A   N   E
  P O S T G R A D U A T E
E   R   T   I   B   T
T H E S E   K I N S H I P
N   S   N   I   O   E
A P T I T U D E   A R I A
```

112

```
I D E A   P R E S E N T S
N   A   E   E   A   U
C U T D O W N   L E T U P
O   E   C   D   F   E
R A N   I   E   E R R O R
R     F O R U M   E   L
U   V   E   P   A
P   I   R E B E L   T
T A N G O   A   O   C H I
I   T   U   B   R   V
B R A G S   O V E R A G E
L   G   L   O   D   L
E V E R Y O N E   C L A Y
```

113

```
A L G A   D O R M O U S E
C   U   N   U   A   A
I N S P E C T   T A S K S
D   T   V   L   H   E
R I O D E J A N E I R O
A   R   W   M   G   B
I N C I T E   G A Z E B O
N   H   H   F   T   D
  R E P E T I T I V E L Y
P   E   L   A   C   W
U N T I E   S O A N D S O
P   A   S   C   L   R
A D H E S I O N   T R E K
```

114

```
E N C A G E   W E A K E R
N   L   A   D   M   E
S T I M U L I   P   E   P
U   M   D   S H R I V E L
R E A D Y   C   E   A
E   T   O   S P R A Y
    I   G I V E S   E
G E C K O   E   L   V
O   R   R   P O I S E
S A S H I M I   H   E   S
S   W   L   E V O L V E S
I   A   L   S   T   E
P O P L A R   M O R S E L
```

115

```
J E E R . S U R M O U N T
U . A D . P . A T . E .
S I S T E R S . S T O R M
T . E . M . E S P . P .
I G L O O . T O P S I D E
F . N . S . R . A . R .
I N F E S T . C O R N E A
C . O . T . S D . M .
A I R D R O P . U N I T E
T . M . A . I C . M . N
I N A P T . R E E N A C T
O . T . O . A D . G . A
N O S T R I L S . T O I L
```

116

```
I N F O . I T E R A T E S
N . I . C A . E . O . T
T H E M A S K . P U R G E
R . L . R . E O . N . P
A I D . T . R . S C A R P
N . . O U S T S . D . I
S . C . G . . E . O . N
I . H . R I D E S . . G
G U A V A . R . S . W A S
E . R . P O . I . R . T
N O R T H . P R O V I S O
C . E . E . I . N . T . N
E N D U R I N G . H E R E
```

117

```
. H I B E R N A T I N G .
E . M . S O . O E . S .
F P . C R O O N . V A T
F L O R A . S . E E R .
E . U . P E . D I R G E
C A N O E I S T . . N .
T . D . S . . S A . U .
I . . C O M M A N D O .
V O W E D . R . T . U .
E . A . O G . R U I N S
L U X . D R A F T . G . L
Y . E . G . N . E E . Y
. U N R E A S O N I N G .
```

118

```
D O S E . S A N D W I C H
A . U E . F . I R . A .
R E S T F U L . S T I L L
K . H . F . O . C . D F
C H I N O . A B O L I S H
H . R . T . U . U . E .
O R B I T S . C R I M E A
C . E . L . S . T . R .
O D D M E N T . E J E C T
L . S . S . I . O . B E
A M I S S . G R U B B E D
T . D . L . M . S . E L
E V E R Y D A Y . I D L Y
```

119

```
R E S E R V E D . S P U R
E . U E . I . A E . E .
E G R E T . G U R G L E D
F . V A . H . L . H .
. E . L . T E X T I L E
S T Y L I S H . Y D . A
T . A . L . L . D .
R . E T . S N O O Z E S
A N X I E T Y . P I .
D . I . M . H G . E
D I S T U R B . O O Z E D
L T . O . N . A . E
E A S Y . A L L E R G E N
```

120

```
. P E R F O R M A N C E .
R . X . R O . N Y . A .
E T . A L O N G . N A B
S I R E N . T . E . I B
T A K E . R E C U R .
A C C O L A D E . . E .
U . T Y . . A . B V
R . . P A S T R A M I .
A C C R A . C . T . L A
N . A . U . T E V E N T
T O N . D E I S M . F E
S . D . I . O . P U D .
. F O R T U N A T E L Y .
```

121

```
F I S T   A B S U R D L Y
L   T   I   A   N   I   O
O A R S M A N   A P P L Y
R   U   P       N   L   O
I N T R O V E R S I O N
S     V   V   W   M   P
T I C   E R O D E   A L L
S   H   R   K   R     A
  D E L I B E R A T E L Y
F   V   S   B   N   R
L U R C H   V O L C A N O
A   O   E   I   E   C   O
K I N G D O M S   S T E M
```

122

```
A I R W A Y   S P I D E R
B   E   B   E   A   I   U
J U K E B O X   Y   V   D
E   I   E   C O L L A G E
C A N N Y   E   O     S
T   D     E   A V E R T
    L   J A D E D   N   M
T H E R E   I     G   M
A   L   N   J U I C E
B A C K L O G   A   N   A
L   A   I   L I M P E T S
E   L   E   Y   B   E   L
S A F E S T   A S T R A Y
```

123

```
D A F T   T O G E T H E R
E   A   F   U   A   U   I
E X C E R P T   V I R U S
P   E   E   B   E   R   K
E N T H U S I A S T I C
N     D   D   D   E   L
E S P R I T   G R U D G E
D   R   A   L   O   C
  C O U N T E R P O I N T
B   R   S   A   P   N   U
E M A I L   D R E D G E R
R   T   I   I   R   O   E
G R A S P I N G   S T I R
```

124

```
  I N E Q U I T A B L E
U   O   C   S   O   P
P S   O V A L S   A N Y
A D E P T   R   A   T   R
N   B   I   U   Y A H O O
D R A B N E S S     T
C   G   G     P   A   E
O     C E L E R I A C
M A T C H   M   R   R   H
I   U   A   B   F E L O N
N I T   V A L V E   I   I
G   O   E   E   C   N   C
  G R A N D M O T H E R
```

125

```
E M P H A T I C   I B I S
P   A   B   N     Y   P
E S S A Y   S C O R P I O
E   S   S   U   L   N
    E   M   R A D I A N S
M E D I A T E   I   Y   O
A   L   S           R
K   F   L   I M P R E S S
E N J O Y E D   L   X   A
O   O   E   E   U   A
V E R A N D A   A G L O W
E   D   L   S   T   E
R O S Y   A S S E S S E S
```

126

```
U T A H   P R E C E D E D
N   P   H   E   O   R   I
A I R L E S S   U N I T S
D   O   N   E   N   L   A
U R N   C   N   T U L I P
L     E N T E R   E   P
T   N   F     Y   D   E
E   O   O X B O W     A
R O W E R   U   O   J A R
A   H   W   R   M   U   A
T H E T A   E V A S I O N
E   R   R   A   N   C   C
D R E A D F U L   L Y R E
```

STORE・PATRONS
H B X O A O
I L H S KNOTS
VIOLATES D E
E N U U NOISY
REGISTRY M A
I S T C T C
N S HUSHHUSH
GRAVY N A N T
E E UTENSILS
EARLY I T S M
P T E E I E
ASPECTS・DRAIN

TUFT・INEDIBLE
A L A I I W
JOURNAL CLOSE
M M T T M R
ALPHABETICAL
H G V O S S
AYE ORION SET
L X N C A A
SCRIPTWRITER
A L S I R S
CHART BLEMISH
I I I O S C I
DEMOCRAT・SKIP

RECORD・AGREES
E H O T L U U
ANIMATE I R N
L T R REDWOOD
LOCKS M E R
Y H I REPLY
A FINDS E
AFTER A C D
D I T JOULE
JACUZZI I L F
U A Z OFFLINE
S I L N F A N
TINNED・HYBRID

MIME・ORCHARDS
I A S A I E E
SOJOURN EXCEL
C O P C R L F
EERIE ISOLATE
L R D G I V
LEMONS ALUMNI
A I A U Y D
NONSTOP PASTE
E U U R H I N
OUTER EMINENT
U I A A C G L
STAPLERS・DEFY

CASK・ICECREAM
O T T O L N E
NAUGHTY ERRED
G N O O A O I
RIG U T ROBOT
GUESS E E
S S H I D R
S P THING R
WHARF N H TEA
O R U H T R N
MURAL EYESORE
A O L R D V A
NEWLYWED・BEAN

FIVE・WHIPLASH
O I C I U U A
RESPOND RISES
T T N P T H
UNACCUSTOMED
N E U S R P
EGG NUDGE ERR
S A T A F O
OVERINDULGED
W O A L R I
OCTET HALTING
O T E A Y P A
FIEFDOMS・REEL

133

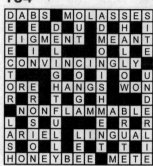

T	I	G	H	T	E	N	S		B	A	S	H
O		E		H		E				T		I
F	U	N	G	I		C	H	A	S	T	E	N
U		I		N		T				A		D
		U		K		A	U	R	I	C	L	E
D	E	S	P	A	I	R		E		K		R
I				B				G				E
A		S		L		A	L	I	G	N	E	D
G	A	T	H	E	R	S		S		E		
R		R				S		T		G		X
A	C	O	L	Y	T	E		R	E	A	R	M
M		D				R		A		T		E
S	T	E	P		S	T	U	R	G	E	O	N

134

D	A	B	S		M	O	L	A	S	S	E	S
E		E		D		U		D		H		I
F	I	G	M	E	N	T		M	E	A	N	T
E		I		L				O		L		E
C	O	N	V	I	N	C	I	N	G	L	Y	
T				G		O		I		O		U
O	R	E		H	A	N	G	S		W	O	N
R		R		T		G		H				D
	N	O	N	F	L	A	M	M	A	B	L	E
L		S		U				E		R		R
A	R	I	E	L		L	I	N	G	U	A	L
S		O		L		E		T		T		I
H	O	N	E	Y	B	E	E		M	E	T	E

135

G	E	T	S		C	L	A	P	T	R	A	P
O		I		P		O		Y		E		R
L	I	T	E	R	A	L		R	U	P	E	E
D		A		A		L		O		T		T
E	N	N	U	I		O	U	T	S	I	Z	E
N				S		P		E		L		N
J	O	C	K	E	Y		A	C	C	E	P	T
U		O		W		U		H				I
B	E	L	L	O	W	S		N	A	C	H	O
I		U		R		U		I		E		U
L	I	M	I	T		R	E	C	E	D	E	S
E		N		H		P		S		A		L
E	S	S	A	Y	I	S	T		A	R	M	Y

136

N	E	S	T	L	E		S	P	R	A	W	L
I		C		A		I		A		R		E
C	H	I	G	N	O	N		R		E		G
E		S		K		C	A	S	S	A	V	A
T	E	S	T	Y		O		E				C
Y		I				M		C	U	R	L	Y
		O		W	I	P	E	S		E		
M	A	N	N	A		E				P		C
O				I		T		P	E	R	I	L
R	E	V	A	L	U	E		A		I		O
B		I		I		N	U	C	L	E	U	S
I		A		N		T		K		V		E
D	E	L	U	G	E		A	S	C	E	N	T

137

D	E	A	L	T		A	D	D	E	N	D	A
I		D		R		R			X		E	
G		I		A		R		H	O	B	B	Y
I	M	P	L	I	C	I	T		D		I	
T		O		N		V		N	U	T	T	Y
A	N	S	W	E	R	E	D		S			E
L		E		D				T		D		S
I			E		A	P	P	A	R	E	N	T
S	H	A	D	E		U		D		E		E
	O		G		F	L	Y	P	A	P	E	R
O	R	B	I	T		L		O		E		D
	D		N			E		L		S		A
F	E	I	G	N	E	D		E	N	T	R	Y

138

C	A	M	E		Q	U	A	D	R	A	T	E
R		O		I		N		E		D		N
O	R	D	I	N	A	L		M	O	O	S	E
S		E		T		O		O		R		R
S	A	L	V	E		A	R	G	U	I	N	G
C				L		D		R		N		E
U	N	R	O	L	L		C	A	U	G	H	T
L		O		I		I		P				I
T	R	U	D	G	E	S		H	A	V	O	C
U		N		E		S		I		I		A
R	A	D	O	N		U	N	C	I	V	I	L
A		E		C		E		S		I		L
L	A	R	G	E	S	S	E		E	D	D	Y

139

```
H A C K   A F L U T T E R
A   O R I   N U   O
B A N Q U E T   O U T D O
I   G   N   F   O   F
T H O R O U G H F A R E
U   F   E I   E     H
A R C   T U N I C   D O E
L   O   H   U   I   A
  U N D E R S T A F F E D
P   F   M   L   A   A
O R I B I   M E L O D I C
L   D   L A   Y E   H
O V E R L O R D   I D L E
```

140

```
R E P E L   G R A N D P A
E   R   A R   I   U
P   O C E   A B E T S
U N F R O Z E N   B   T
D   E   N C   B L U S H
I N S P I R E D   E   A
A   S   C     C   S   P
T   U   N I G H T C A P
E L A N D   M   A A   I
  A   R   T A L I S M A N
U P P E R   G   N   P E
  A   A   E   E   E S
A Z A L E A S   D A R T S
```

141

```
S O C I A L   A M U L E T
L   A M   C U   O   R
E L L I P S E   S C U
E   I   L   R U I N O U S
V A G U E   E C   T
E   U   M   A U N T S
L   D R O L L   O
A P A C E   N   V   P
P   C   I   S M E A R
P O R T I C O   M L   A
E   A M   U T I L I T Y
A   F A S   T   S E
L A T E L Y   M E N T O R
```

142

```
R E S T   M E T A P H O R
E Q   C W   M   E   A
G L U C O S E   E A R N S
I   I   N   L   E   P
S U B S T A N T I A T E
T   E   O O   I   C
E L M   M O W E R   C O L
R   O   P I   A   U
  D I S T I N C T N E S S
S   S U   I   L   T
P A T I O   G O O D B Y E
U   E U N   N   O   R
D I N O S A U R   O W L S
```

143

```
I N S E C U R E   E A R S
N   E   U U   F   K
K I C K S   S A M U R A I
S   O   T T   I   N
  N O   I N D U C E D
E N D E M I C   I   A E
S   A   S     E
C A R   A I R S H I P
A N N O Y E D   E   U
P   T   O   P B U
I N H A L E R   U M B E R
S   E   E   T U   G
T O R N   A S S E M B L E
```

144

```
  S I N G U L A R I T Y
M N O   O   O   I   U
A E   D U O M O   G I N
S E P A L   K S   H   N
S   T   E   T I T L E
P A L I S A D E       C
R   Y S       P C   E
O     F I N I S H E S   S
D I V E D   R   G   I S
U   O O O   M O C H A
C O G   V E N U E   A R
E   U E   I N   G   Y
  P E R S E C U T I O N
```

145

M	E	A	L			O	F	F	S	H	O	R	E
A		M		U		A		I		R		N	
G	R	I	N	N	E	D		G	L	I	N	T	
I		G		I				N		G		E	
S	W	O	O	N		N	O	I	S	I	E	R	
T				T		G		F		N		T	
E	V	O	K	E	S		F	I	E	S	T	A	
R		S		R		O		C				I	
I	N	S	T	E	A	D		A	N	I	O	N	
A		I		S		D		N		N		M	
L	I	C	I	T		S	E	C	L	U	D	E	
L		L		E		O		E		R		N	
Y	I	E	L	D	I	N	G		N	E	X	T	

146

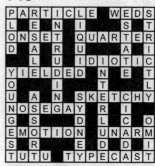

P	A	R	T	I	C	L	E		W	E	D	S	
L		E		N		I				S		T	
O	N	S	E	T		Q	U	A	R	T	E	R	
D		A		R		U				A		I	
		L	U		I	D	I	O	T	I	C		
Y	I	E	L	D	E	D		N		E		T	
O			I					T				L	
U		A	N		S	K	E	T	C	H	Y		
N	O	S	E	G	A	Y		R		I			
G		S			D		L	C	O			O	
E	M	O	T	I	O	N		U	N	A	R	M	
S		R			E		D	D		D		I	
T	U	T	U		T	Y	P	E	C	A	S	T	

147

W	I	C	K		M	A	N	D	A	T	E	S	
H		O		E		S		E		O		E	
I	N	D	E	X	E	S		M	E	R	I	T	
S		E		T		U		O		P		S	
P	E	R	F	O	R	M	A	N	C	E	S		
E				R		E		S		D		K	
R	E	C	I	T	E		S	T	R	O	B	E	
S		Y		I		B		R				E	
	E	C	H	O	L	O	C	A	T	I	O	N	
O		L		N		B		B		D		N	
S	T	O	M	A		C	O	L	L	I	D	E	
L		N		T		A		E		O		S	
O	P	E	R	E	T	T	A		I	M	P	S	

148

A	C	H	E		P	A	C	I	F	I	S	M	
P		A		R		B		N		C		A	
P	E	T	R	E	L	S		D	E	I	S	T	
R		E		F		E		I		C		E	
E	I	D	E	R		I	N	S	U	L	A	R	
H				I		L		T		E		I	
E	N	O	U	G	H		S	I	E	S	T	A	
N		R		E		A		N				L	
S	E	C	U	R	E	D		C	O	R	G	I	
I		H		A		V		T		E		S	
B	E	A	S	T		I	L	L	I	C	I	T	
L		R		O		C		Y		A		I	
E	N	D	O	R	S	E	S		E	P	I	C	

149

E	V	E	R	Y		T	O	P	P	L	E	D	
P		V		T		U		A		G			
H	O	T		X		P	L	A	Y	S			
E	N	L	A	R	G	E	S		A		P		
M		V		I		D		A	C	U	T	E	
E	X	E	C	U	T	O	R		E			N	
R		D		M			A		D		T		
A			E		A	D	A	P	T	I	V	E	
L	E	A	S	H		U		P		S		R	
	X		C		S	M	A	L	L	E	S	T	
C	A	R	R	Y		P		I		A		A	
	L		O		E		E	S		S		I	
S	T	E	W	A	R	D			S	T	E	R	N

150

B	U	M	P		F	E	C	K	L	E	S	S	
R		A		L		N		I		R		A	
O	N	G	O	I	N	G		L	E	A	R	N	
K		M		F		I		L		S		C	
E	R	A		E		N		E	V	E	R	T	
N			S	P	E	A	R		R			I	
H		T		E				W		S		M	
E		R		N	O	T	C	H				O	
A	P	A	R	T		H		A		S	U	N	
R		C		E		R		L		L		I	
T	A	K	E	N		O	R	E	G	A	N	O	
E		E	C		N		S		S		S		U
D	A	R	K	E	N	E	D		O	H	M	S	

151

E	B	B	S		S	T	I	T	C	H	E	S
F		O		M	R		O		I			A
F	E	R	T	I	L	E		T	I	L	T	S
I		O		S		A		A		L		H
C	O	N	G	R	A	T	U	L	A	T	E	
A		E		S		I		O			B	
C	L	A	M	P	S		U	T	O	P	I	A
Y		R		R		T		A			B	
	O	T	H	E	R	W	O	R	L	D	L	Y
A		D		S		I		I		O		H
G	R	E	B	E		S	H	A	M	P	O	O
E		C		N		T		N		E		O
S	H	O	R	T	E	S	T		E	Y	E	D

152

C	A	N	V	A	S		W		U		S	
E		E			C	H	I	M	N	E	Y	S
A	I	L		O		T		W			S	
S			S	C	O	R	C	H		I	O	T	A
E		O		E		O		E			E	
D	E	N	S	E		S	U	B	L	I	M	E
		I		C		T		D				
S	T	I	G	M	A	S		B	Y	W	A	Y
U		N		Y		D		O			O	
C	R	O	P		E	M	I	N	E	M		D
	N		O		N		T			B	Y	E
S	U	B	S	O	N	I	C			A		L
	P		T		E			H	I	A	T	U	S

153

A	P	S	E		V	O	U	C	H	E	R	S
P		P		D		A		A		A		E
P	E	R	S	I	S	T		P	I	S	T	E
L		A		S			I		E		M	
A	N	T	I	C	I	P	A	T	I	O	N	
U			O		I		U		F		P	
S	I	N		N	A	V	E	L		F	U	R
E		U		N		O		A			O	
	A	D	V	E	N	T	I	T	I	O	U	S
A		G		C		I		C		P		
F	L	I	R	T		P	H	O	N	E	M	E
A		N		E		O		N		A		C
R	I	G	I	D	I	T	Y		K	N	O	T

154

A	N	A	L	Y	T	I	C		C	A	R	S
T		G		E		D		E			U	
O	P	E	R	A		I	N	V	E	R	T	S
M		N		R		O		I			P	
		T		B		M	E	S	S	A	G	E
D	E	S	P	O	T	S		T		L		N
E			O			R					S	
A		U		K		E	Q	U	A	B	L	E
D	Y	N	A	S	T	Y		G		I		
E		B		E			G	K		A		A
N	E	E	D	F	U	L		L	Y	I	N	G
E		N		E			E		N			O
D	U	T	Y		S	T	U	D	Y	I	N	G

155

P	A	N	A	M	A		E		D		B	
A		U			S	I	D	E	W	A	Y	S
Y	E	T		H		I			L		L	
O			M	O	M	E	N	T		N	A	I	L
F		E		S			I		D		N	
F	U	G	U	E		B	O	U	L	D	E	R
		N			A		N		E			
L	A	M	E	N	T	S		A	D	O	P	T
	B		R		T		G			U		R
T	O	U	R		A	D	R	I	F	T		O
	A		I		C		A			L	O	W
B	R	A	N	C	H	E	S			E		E
	D		G		E			P	O	R	T	A	L

156

J	U	R	I	S	T		A	B	A	T	E	S
E		E		E		U		L		R		P
W	E	S	T	E	R	N		E		I		E
E			I		P		D	E	A	D	P	A	N
L	I	S	T	S		E		K				D
S				T		R			L	O	O	K	S
		O			H	A	S	T	Y			L
B	U	R	M	A		T			I			B
A			N		A		D	E	V	I	L	
B	R	O	A	D	E	N		E		E		A
I			V		I		D	E	P	L	O	Y	S
E		E		L		S		O			I		T
S	T	R	A	Y	S		S	T	Y	L	E	S

157

```
I T C H   U N A B A T E D
I   N L   B E U   H   I
F R I G A T E   S A R I S
A   N N   D   I   O   A
L I G H T   L A N G U I D
L   A   E   E G   V
I N C O M E   A S T H M A
B   R   W   M   S     N
I M A G E R Y   L E A S T
L   N   I   R   I L   A
I C I N G   I N K L I N G
T   A   H   A E   A   E
Y U L E T I D E   U S E D
```

158

```
V I E N N A   I   G   S
I   P     D I S P L A C E
C O O   I   L   O   H
T   C O R O N A   B A I T
I   H   S   N   U   S
M I S T S   A D U L A T E
    A   P   S   A
O U T S T A Y   T R I M S
  R   T   P G   N   T
A G U E   R A R I N G   I
  E   F   I   E   O P T
U N B U C K L E   T   C
  T   L   A   K I R S C H
```

159

```
C O W L   M I S S O U R I
O   I   R   C A   M   N
N A R R A T E   T O P I C
S   E   B   B   I I   R
T H R O B   O B S E R V E
R   L   X   F E   D
U N D O E S   N A S S A U
C   W   R   C C   L
T R E M O L O   T O R S O
I   L   U   G O   A   U
O G L E S   E R R A N D S
N   E   E   N Y   T   L
S O R O R I T Y   E S P Y
```

160

```
A L L Y   C H U T Z P A H
D   E   A   A R   L   I
D E M I G O D   I T E M S
I   U   R     G   A   S
C A R D I O L O G I S T
T   C   A   E   E   S
E R G   U T T E R   D O T
D   R   L   H H   R
  T I T T L E T A T T L E
S   P   U   P R   A
C A P E R   S O P H I S M
A   E   A   O Y   P   E
R E D O L E N T   H E A R
```

161

```
C O W S   A L K A L I N E
O   I   N   E R   C   X
N E S T I N G   O M E G A
T   E   G   U M   P   G
E A R T H   M E A N I N G
N   T   E   T C   E
T H R I C E   C H O K E R
E   A   L   A E   A
D E V I O U S   R O A S T
N   I   T   H A   R   E
E P O C H   O P P O S E D
S   L   E   R Y   O   L
S P I N S T E R   E N V Y
```

162

```
R E B U F F   A M U S E S
I   R   I   E U   T   T
P H O E N I X   S   U E
P   W   A   P L I A B L E
L A B E L   E   N   R
E   E   R   G A P E S
  A   G R I P S   A
D E T E R   E   R   C
E   A   N   A B A S H
B O T A N I C   L   N A
U   A   O   E M B R O I L
T   P   L   D U   I   E
S A S H A Y   I M P A C T
```

163

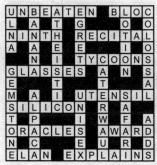

164

165

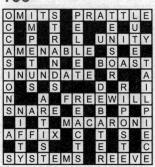

166

167

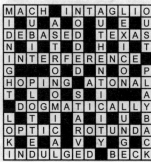

168

169

```
S O C K   R A C C O O N S
O A   C     U   U C   U
L O G B O O K   R A C E R
I   E     N     M   U E
D I S A S T R O U S L Y
I     I     E D   T   D
F I N   S L A N G   S H E
Y     A   T   M E     W
  D I V E R S I O N A R Y
  R   R     N   N G   E
A B O U T   N U L L I F Y
V   B     L   U   Y L E
E D I F Y I N G   N E R D
```

170

```
R H E T O R I C   D A T A
O   L   B     N   D   R
O V A T E   T U S S O C K
T   P   D     A   R   A
    S   I   C O N C E R N
C L E M E N T   I   R S
O     N       C     A
M   C C   L E A V E N S
P A R V E N U   R   N
O   A       M   A D E
S U C C U M B   G R I N D
E   K       E   U   N G
D I S H   T R I A N G L E
```

171

```
P A I R   D E A F N E S S
E   B   P   N   O M   H
N E I T H E R   R I O J A
N   Z   O   I   M   T M
Y E A S T   C Y A N I D E
P     O   H   L   V   L
I M P U G N   A D H E R E
N   E   R   G   E     S
C A N T A T A   H O P E S
H   S   P   T   Y   E N
I R I S H   E N D G A M E
N   O   E   A   E   K S
G E N E R O U S   U S E S
```

172

```
C Y C L E S   T   S   S
O   H     C O U N T I N G
M O O     A   R   A   I
M   P O L L E N   G A P S
I   P     E   I   N   E
T H Y M E   U P R A I S E
    A     S   S   T
I G N I T E S   L E D G E
  R   N   E   S   I   X
B E S T   S E W I N G   I
  E   A   A   A   G U T
S T A I R W A Y   E   E
  S   N   S   S C A R E D
```

173

```
I N V A D E   S M I T E S
N   E   R   F   I   A E
F O R M U L A   N   L C
A   A   M   S I D E C A R
N I C K S   T   F     E
T   I     F   U N F I T
    T   A T O L L   U
R O Y A L   R     R S
A   B   W   S T R A W
S C A P U L A   O   O A
C   L   M   R U N A W A Y
A   M   E   D   A   E E
L O S I N G   G R A D E D
```

174

```
H A T I N G   F   B   P
O   H     A V O C A D O S
R O W     V   G   C   D
R   A F R E S H   T H I N
I   R     L   O   E   U
D O T E D   T R I R E M E
    N     R   N   I
C H A T T E L   T A B B Y
A   I   S   T   A   I
G L U T   E V E N E D   E
V   L   R   A     G E L
R E C E I V E S   E   D
S   S   E   E R A S E S
```

175

```
HALE ELOQUENT
A U I E   U N O
ROMANIA ENVOY
D  E C    S I S
CONFORMATION
O   R E  I U S
PIG RADIO SOP
Y A  I  I N  E
 DIAGRAMMATIC
S N I   A  E I
CLIMB ACRONYM
A N L  K C  E
NEGLECTS WHEN
```

176

```
CUBA OUTSIDER
H E R P U E  E
REFLECT BESOM
O O S U S K  O
NIGHT RICHTER
O    A N R O S
LAWFUL SIMPLE
O  H  R T P  L
GUITARS TERSE
I T T  H I E S
CREPE ISOBARS
A S U  R N L L
LITERATI EMMY
```

177

```
ALLEYWAY ACRE
U I E  I  R S
KENYA LAWSUIT
S E  R I   M E
R  L NOTABLE
PUSHING O S M
R   N   A   E
E D G REDHEAD
DEEPSEA  S J
A B   T T E A
TSUNAMI ORCAS
O N   O O T P
RAKE ANALYSES
```

178

```
MASS ABUTMENT
U Q I E O X  I
STUNNED GAPED
C A F   E A E
UNDERWRITING
L  I A H D  I
ASK NOISE SAD
R I G  L R  L
UNSEASONABLE
C D M   E A N
AGREE ESSENCE
V E N G S J  S
AUDITION MOWS
```

179

```
OCCURS P G W
D  O  EXAMINED
DIN  D S N A
E CORGIS GELS
S U  E I E T
TARDY ANARCHY
   I P G  L
POTSHOT BYTES
 D T P S  R L
LIMA CUCKOO O
O S O A  PIP
CULTURAL  I E
 S E N PLACED
```

180

```
DADO ACQUIRED
I A O R N O  O
AMNESTY RAGED
G C T  E U  O
OVEREMPHASIS
N   N U S S U
AGO TEMPO HIP
L P A A N  S
NEWTESTAMENT
A N I  B X  R
BRAVO ALLTIME
U I U P E S  A
THRASHED ITEM
```

181

182

183

184

185

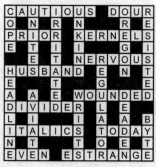

186

187

```
S I T S █ E S T I M A T E
E █ A █ Q █ T █ N █ M █ X
M E R C U R Y █ T H U M P
I █ O █ I █ M █ E █ S █ A
C A T █ N █ I █ R E I G N
O █ N █ T E E N S █ N █ S
N █ B █ E █ █ E █ G █ I
S █ R █ S T O I C █ █ █ V
C H A O S █ U █ T █ V I E
I █ G █ E █ T █ I █ O █ N
O R G A N █ P R O D U C E
U █ E █ C █ U █ N █ C █ S
S E R P E N T S █ T H U S
```

188

```
N O U N S █ A S P H A L T
E █ T █ E █ G █ A █ E
V █ T █ C O █ G R A V E
E V E N T F U L █ A █ E
R █ R █ I █ T █ U S U R Y
M N E M O N I C █ S █ A
O █ D █ N █ █ F █ O █ R
R █ L █ G A L L O P E D
E L V E S █ R █ Y █ H █ S
█ I █ S █ S I L L I E S T
A M A S S █ S █ E █ L █ I
█ B █ E █ E █ A █ I █ C
A S C E N T S █ F L A S K
```

189

```
D A S H █ F A R C I C A L
I █ P █ U █ N █ O █ A █ E
S P O U S E S █ M A P L E
P █ R █ E █ W █ B █ I █ K
I N T E R M E D I A T E
R █ F █ R █ N █ O █ H
I N S E R T █ W A Y L A Y
T █ H █ I █ B █ T █ P
█ P O L E P O S I T I O N
R █ R █ N █ B █ O █ D █ O
A C T E D █ B A N N E R S
S █ E █ L █ I █ S █ A █ I
H U R R Y I N G █ E L M S
```

190

```
R E F E R S █ P █ A █ R
U █ O █ █ P O L I S H E D
B A R █ E █ A █ S █ E
I █ C L I N I C █ E L K S
E █ E █ T █ I █ M █ E
S E D A N █ A N Y B O D Y
█ T █ E █ G █ L
S U B T E X T █ T Y P E D
█ P █ E █ R █ U █ E
G R I N █ M O A N E R
█ O █ D █ P █ T █ S U M
P A T E N T E E █ U █ E
█ R █ D █ S █ D E P E N D
```

191

```
H E F T █ S O M B R E R O
Y █ L █ U █ X █ I █ L █ V
P L A I N L Y █ B L A D E
E █ K █ D █ G █ L █ T █ R
R H Y M E █ E L I X I R S
C █ R █ N █ O █ O █ T
R E G G A E █ U G A N D A
I █ L █ C █ A █ R █ █ T
T R A S H E D █ A M A Z E
I █ N █ I █ J █ P █ N █ M
C A C H E █ U N H I N G E
A █ E █ V █ R █ Y █ U █ N
L E S S E N E D █ F L I T
```

192

```
I R A N █ E L E P H A N T
N █ D █ C █ I █ R █ T █ A
C E L S I U S █ E T H O S
O █ I █ R █ T █ M █ E █ T
N I B █ R █ E █ E X I L E
C █ O W N E D █ S █ L █ E
E █ G █ S █ █ I █ M █ S
I █ A █ T R A C T █ █ █
V I S O R █ L █ A █ H I S
A █ T █ A █ S █ T █ E █ N
B U R S T █ A V E R A G E
L █ I █ U █ C █ D █ R █ S
E X C E S S E S █ O D E S
```

193

194

195

196

197

198

199

200